LES ZOUAVES A PARIS

PENDANT LE SIÉGE

BOURG, IMPRIMERIE CHAMBAUD ET PERDRIX

LES

ZOUAVES A PARIS

PENDANT LE SIÉGE

(SOUVENIRS D'UN ZOUAVE)

PAR A. BALLUE

EN VENTE

A PARIS
Chez LECHEVALIER, Éditeur,
Rue Richelieu.

A LYON
Chez VICTOR BALLAY fils,
Bureau central des Journaux,
34, rue Tupin.

En France et à l'Étranger, chez tous les Libraires.

1872

LES ZOUAVES A PARIS
PENDANT LE SIÉGE

Souvenirs d'un Zouave.

CHAPITRE PREMIER

L'horizon du soldat est nécessairement borné.

Au delà de sa compagnie, de son bataillon, de son régiment tout au plus, il ne voit rien.

Ignorant du plan général des opérations, absorbé sur le champ de bataille par le soin de sa défense personnelle, par le sentiment plus ou moins vif des dangers qu'il court, par les efforts individuels qui lui sont demandés, les phases essentielles, les plus graves incidents de la lutte dans laquelle il se trouve engagé, lui échappent souvent.

Ce n'est donc pas de lui qu'il faut attendre une étude sérieuse et complète des grandes opérations de la guerre.

Mais, dans le cadre restreint où il se meut, les détails apparaissent avec une réalité saisissante, et, mieux que l'historique savant d'une campagne, ces détails montrent parfois, sous leur véritable jour, l'esprit général de l'armée, la nature des difficultés avec lesquelles on l'a mise aux prises, les ressources déployées pour les surmonter.

Isolé des masses où il se perd habituellement, mis ainsi en pleine lumière, le plus humble combattant peut fournir à l'observateur attentif tous les éléments d'un jugement impartial.

Grâce à l'uniformité de la discipline militaire, à l'unité de direction et de commandement, chaque groupe, chaque unité de ce grand tout qui s'appelle une armée présente une image réduite mais toujours exacte des qualités ou des défauts qui font sa force ou sa faiblesse. Alors il devient facile de remonter des effets aux causes, de dégager les responsabilités, de savoir à qui doit revenir l'honneur du succès ou l'humiliation de la défaite.

C'est pourquoi j'ai pensé que les souvenirs que j'évoque et vais transcrire ici pourraient jeter quelque lumière sur certains épisodes trop peu connus de l'un des plus grands drames de notre époque.

Je n'ai d'autre prétention que d'être un témoin sincère disant la vérité, rien que la vérité. Loin de chercher à dramatiser mon récit, je raconterai simplement les événements auxquels je me suis trouvé mêlé. Je ne parlerai que de ce que j'ai vu ; je rapporterai fidèlement les impressions que j'ai ressenties.

Voilà tout mon programme; et, sans autre préambule, j'entre en matière :

Paris en septembre 1870.

J'arrivai à Paris le 2 septembre au soir. On devait me fournir soit à la Division militaire, soit à l'état-major de la place, soit enfin au ministère de la guerre, les indications qui m'étaient nécessaires pour rejoindre le 2e zouaves dans lequel je venais d'être incorporé.

Le corps d'armée du maréchal de Mac-Mahon, dont mon régiment faisait partie, avait quitté Reims. Je savais vaguement qu'il marchait dans la direction du Nord-Est pour opérer sa jonction avec Bazaine, mais j'ignorais son itinéraire exact.

On n'était guère plus instruit que moi à l'état-major de la place. Quand je m'y présentai pour faire viser ma feuille de route, on me traita un peu en visiteur importun en me faisant courir inutilement de bureau en bureau. Enfin, de guerre lasse, un officier me dit : « Revenez demain, nous aurons probablement des ordres du ministre. »

Déjà de graves rumeurs commençaient à circuler dans Paris. On disait que Mac-Mahon, depuis trois jours aux prises avec l'ennemi, se trouvait acculé à la frontière. On avait comme le pressentiment d'un immense désastre.

La triste vérité fut connue dans l'après-midi.

A bout de mensonges, le général Palikao dut avouer au Corps législatif qu'une grande bataille avait été livrée et perdue par nous sous les murs de Sedan. L'armée avait capitulé, l'empereur était prisonnier. Seulement, soit par habitude, soit pour atténuer l'effet de ses déclarations, le ministre de la guerre crut devoir réduire de moitié le chiffre des prisonniers de guerre. Selon lui, 40,000 hommes seulement avaient mis bas les armes devant les Allemands, tandis qu'en réalité, l'armée entière de Mac-Mahon, c'est-à-dire plus de 80,000 combattants, s'était rendue à discrétion.

Précaution inutile. Ce qui frappait chacun de stupeur, c'est que la France venait de perdre la dernière armée en laquelle elle avait mis tout son espoir, c'est qu'entre Paris et l'invasion il n'y avait plus d'obstacle. Un mot, mot que nous devions, hélas ! nous habituer à entendre prononcer, retentissait pour la première fois à nos oreilles et remplissait tous les cœurs d'un douloureux étonnement : *capitulation !*

A la stupeur la colère succéda promptement. De détails sur cette fatale journée du 1er septembre, on n'en avait aucun ; mais on pressentait la pernicieuse influence que Napoléon III avait dû exercer sur une armée où sa présence était au moins inutile, puisqu'il n'en avait plus le commandement. D'ailleurs, n'était-ce pas lui qui avait voulu la guerre, qui l'avait follement déclarée ? N'était-ce pas lui qui avait tout conçu, tout médité, tout conduit au début de la campagne ? Nos premiers désastres, Wissembourg, Reischoffen, Forbach, n'étaient-ils pas le résultat de sa profonde nullité, de la présomptueuse insuffisance d'états-majors peuplés de ses créatures ? Si notre armée, disséminée le long de la frontière, de Sierk à la Lauter et de la Lauter à Bâle, avait permis à l'ennemi de se concentrer et de percer le mince réseau de troupes qui lui était opposé, à qui la faute ? N'est-ce pas encore l'empereur qui, n'osant rentrer dans sa capitale, avait, dans un intérêt purement dynastique, imposé à Mac-Mahon cette marche insensée vers l'Est, marche que le glorieux vaincu de Reischoffen considérait comme la plus imprudente des manœuvres ? A Napoléon III, chef de l'Etat et généralissime, devait incomber la responsabilité de ce prodigieux entassement de fautes de tout genre qui, en moins d'un mois, avait amené le complet anéantissement des forces militaires de la France.

Voilà ce qui se disait partout, dans les rues et sur les places publiques, sur les boulevards et dans les cafés. Déchéance : telle était la conclusion que chacun donnait à tant et de si justes accusations.

Oui, on peut l'affirmer en toute sincérité, dès le 3 septembre, la population de Paris était unanime à réclamer la déchéance de Napoléon III. J'en eus le soir même une preuve caractéristique.

Je dînais chez un vieil ami de ma famille, type achevé du conservateur. Enfant, il me parlait avec attendrissement des vertus de Louis-Philippe et m'apprenait à crier : Vive le roi ! En 1848, pendant mes vacances, il m'avait emmené au club qu'il présidait, et j'avais été témoin de son enthousiasme républicain. Plus tard, je l'avais retrouvé chef de bataillon de la garde nationale et décoré par l'empire. Il émaillait alors ses ordres du jour de protestations de dévouement « à l'empereur et à sa dynastie. »

Je le vis, en entrant dans son salon, se promener à grands pas en proie à une agitation fébrile.

— N'est-ce pas, me dit-il brusquement, au moment où nous nous mettions à table, qu'il n'y a que la déchéance qui puisse nous sauver ?

Moi, riant sous cape et voulant le pousser à bout ;

— La déchéance, c'est très-bien ! Mais après ? Et l'impératrice, et le corps législatif, qu'en faites-vous ?

— L'impératrice ! ! !...

Ce disant, il regarda sa femme et retint le reste de son exclamation. Son silence, d'ailleurs, était suffisamment éloquent.

Puis reprenant : Quant au corps législatif, ne savez-vous pas aussi bien que moi qu'il n'y a rien à espérer de lui ? Il n'a jamais su qu'une chose : obéir. Le maître n'étant plus là, que voulez-vous qu'il fasse ? D'ailleurs, tous ces députés issus de la candidature officielle ne sont-ils pas justement suspects à la nation ? N'ont-ils pas contribué, pour leur part, à nous lancer dans cette folle aventure qui finira on ne sait comment ? N'ont-ils pas tout accepté sans contrôle, tout voté sans examen ? N'ont-ils pas applaudi l'homme au cœur léger, acclamé les belliqueuses déclarations de M. de Gramont ? Est-ce avec de tels éléments que vous voudriez former une Convention décrétant la victoire ? Ce n'est pas sérieux. Non ; avec l'empire doit disparaître tout ce qui l'a servi, adulé, soutenu.

Notre homme, s'échauffant, continua longtemps sur ce ton.

Je ne rapporterai point son discours ; les quelques paroles que je viens de citer donneront une idée suffisante de la brusque transformation qui s'était produite dans le parti conservateur — à Paris du moins — au lendemain de Sedan.

L'histoire, d'ailleurs, est vieille comme le monde et sera, je le crains, longtemps jeune encore : l'idole de la veille une fois renversée, on la foule aux pieds — surtout quand on est conservateur.

Au corps législatif, il y eut séance de nuit. Elle fut orageuse et promettait pour le lendemain de graves débats.

Aussi, le 4 septembre, dès midi, me recommandant d'un député de ma connaissance, je me présentais aux portes du palais Bourbon. Mais je me heurtai à une consigne inflexible. Après une série de démarches tout aussi infructueuses les unes que les autres, j'allais me retirer, quand je vis déboucher, sur la place de la Concorde, plusieurs bataillons de la garde nationale tambour battant et baïonnette au bout du fusil. Deux escadrons de gendarmes à cheval, déployés en avant du pont, leur barraient le chemin. On parlementa quelques instants, puis les rangs des gendarmes s'ouvrirent, et les gardes nationaux vinrent se masser près du Corps législatif, saluant des cris de : Vive la ligne ! les régiments d'infanterie qui stationnaient sur le quai, salués à leur tour par ces derniers des cris de : Vive la garde nationale !

Debout sur les marches du palais Bourbon, des groupes de députés et de journalistes agitaient leurs chapeaux et acclamaient les bataillons de la garde nationale qui se succédaient sans interruption.

Derrière cette forêt de baïonnettes étincelant au soleil, apparaissait la foule qui, grossissant de minute en minute, couvrait déjà la place de la Concorde et débordait sur les quais et dans les Champs-Elysées. Une députation de gardes nationaux sans armes venait d'arriver près de la grille où je me trouvais. Elle demandait à être introduite dans la Chambre, pour y réclamer la déchéance de l'empereur.

Plusieurs députés viennent s'aboucher avec elle, lui promettant que satisfaction lui serait donnée.

Nous touchions évidemment à la crise.

J'aurais bien voulu assister au dénouement — prévu d'ailleurs — de la scène qui se déroulait sous mes yeux, mais l'heure était venue pour moi d'aller prendre au ministère mes dernières instructions. Ce ne fut pas sans de longs et patients efforts que je parvins à me frayer un passage au milieu de la foule compacte qui m'entourait, et je mis près d'une heure à parcourir les quelques cent mètres qui me séparaient de la rue Saint-Dominique-Saint-Germain.

Au ministère, tout était en désarroi. Il me fallut attendre longtemps avant d'apprendre que défense était faite aux militaires voyageant isolément de quitter Paris sous aucun prétexte. Quant à savoir ce que l'on voulait faire de moi, je n'y pus réussir.

Je sortis du ministère, — la révolution était faite.

Des groupes animés stationnaient au coin des rues. Je me mêlai à l'un d'eux, et, en un instant, je fus mis au courant. J'appris et l'envahissement de la Chambre et la réunion des députés de Paris à l'Hôtel-de-Ville pour y former un gouvernement provisoire. Pas une goutte de sang n'avait été répandue. Nulle résistance : l'empire n'avait pas été renversé, il s'était effondré.

La joie était sur tous les visages. Il semblait que, débarrassé de celui qui, pendant vingt ans, fut son mauvais génie, la France touchait au terme de ses malheurs. Partout, sur les façades des monuments publics, aux devantures des magasins, on brisait les armes impériales. A voir cette hâte fiévreuse à faire disparaître tout ce qui pouvait rappeler le régime qui venait de tomber, on eût dit qu'on effaçait du même coup l'humiliation des défaites que nous lui devions.

Le soir venu, Paris prit un véritable air de fête. La nuit était splendide, comme si le ciel eût voulu fêter notre délivrance. Les cafés regorgeaient de monde. Une foule houleuse encombrait les boulevards. Sur la chaussée, des bandes d'hommes et d'enfants portant des torches et des drapeaux passaient chantant la *Marseillaise* et réveillant des échos depuis longtemps endormis au cris de : Vive la République ! A l'Hôtel-de-Ville on acclamait le gouvernement provisoire. Nul désordre d'ailleurs.

Longtemps je me promenais seul, allant au hasard où me portait le flot humain auquel je me trouvais mêlé. Recueillant ici un lambeau de phrase, surprenant là un geste ou un regard, imprégné à mon insu des effluves magnétiques qui se dégageaient de cette foule ardente et impressionnable, je me sentis peu à peu gagné par l'enthousiasme et l'ivresse.

C'est qu'en effet on n'oubliait pas les Prussiens. On ne se faisait point illusion sur leurs intentions, on savait qu'ils allaient marcher rapidement sur Paris et l'on était bien décidé à résister. Je ne sais si quelques esprits plus clairvoyants ou plus froids considéraient déjà comme impossible la continuation de la lutte, mais je puis affirmer que, ce jour-là, tout gouvernement qui eût parlé de traiter avec l'ennemi eût été immédiatement renversé.

La belliqueuse ardeur dont l'expression se retrouvait sur tous les visages et dans tous les discours n'était pas factice ; elle provenait, il était impossible de s'y méprendre, d'un sentiment profond, vivace, et, ai-je besoin de l'ajouter ? des plus honorables.

Pour moi, tout en me disant qu'on ne recommence pas l'histoire, je me demandais s'il était vraiment impossible de voir revivre le sublime élan et les gigantesques efforts de 92. Vingt années d'empire auraient-elles donc suffi pour tarir en nous toutes les sources de l'héroïsme et du dévouement ?

Les circonstances font les hommes ; rarement elles avaient été plus critiques ; qui pouvait prévoir ce qu'elles allaient produire ?

En tous cas, pourquoi désespérer ? Je m'endormis ce soir-là plein de confiance en l'avenir.

Le lendemain, je me rendis de bonne heure à l'état-major de la place. Il n'y avait pas une minute à perdre pour organiser la défense de Paris, et je pensais que le premier soin du gouvernement provisoire avait été de donner des ordres pour utiliser immédiatement toutes les ressources en matériel et en hommes dont il pouvait disposer.

J'appris, en effet, que les débris des troupes d'Afrique, zouaves et tirailleurs indigènes, étaient concentrés à Saint-Cloud pour s'y organiser.

C'est donc là que je devais aller.

Saint-Cloud.

Je m'équipai à la hâte et, le 6 septembre, muni d'un léger bagage, je débarquai devant l'hôtel de la *Tête-Noire*, bien connu des canotiers parisiens.

— Qui commande ici ? dis-je, m'adressant au premier soldat que je rencontre.

— Je n'en sais rien.

Tous les zouaves ou tirailleurs, successivement interrogés par moi, me font la même réponse. Je tombais en pleine anarchie.

Enfin je rencontre un capitaine du 1er zouaves. Je

décline mes noms, titres et qualités et le prie de m'indiquer où et à qui je dois m'adresser pour recevoir des ordres de service.

A ma vue, l'excellent homme témoigne d'une joie dont je ne tarde pas à connaître les motifs. Originaire de la Savoie, ancien officier de l'armée piémontaise, il avait avec empressement mis son épée au service de la France. On l'avait envoyé à Alger chercher un détachement de recrues et de réservistes destiné au 1er zouaves.

Il me conta tous ses tourments pendant ce long voyage, où il avait dû, seul, administrer et commander six cents hommes parfaitement indisciplinés. A Saint-Quentin, son origine étrangère et son ignorance de certains détails du métier l'avaient fait prendre pour un espion prussien, et peu s'en était fallu qu'il ne fût fusillé par ses propres soldats.

A la nouvelle du désastre de Sedan, on l'avait fait rétrograder en toute hâte sur Paris, et, depuis deux jours, il se trouvait à Saint-Cloud, ne sachant où donner de la tête avec des soldats qui ne voulaient pas obéir et des chefs qui oubliaient de lui envoyer des instructions.

Il m'apprit également qu'une fraction du 3e zouaves (300 hommes environ) avait pu quitter le champ de bataille de Sedan avant que le cercle de fer des armées allemandes entièrement fermé eût rendu toute retraite impossible. C'était tout un roman.

On sait que, dans l'après-midi du 1er septembre, le général Wimpffen ayant pris le commandement en chef, fit suspendre le mouvement de retraite sur Illy, ordonné par le général Ducrot. Une inévitable confusion en fut la conséquence. Certains corps reçurent contre-ordre alors que leur mouvement était déjà commencé ; d'autres, au contraire, restèrent en l'air sur les positions qu'ils occupaient au début de la bataille. C'est ainsi que l'état-major du 3e zouaves, avec son drapeau et quelques centaines d'hommes, s'était trouvé abandonné sur l'une des crêtes qui dominent le fond de Givonne.

Vivement pressé sur son front, débordé sur son

flanc droit, séparé des troupes de soutien dont la retraite avait facilité le mouvement tournant de l'ennemi, il avait dû se jeter à gauche sur la route de Belgique qui était encore libre. Et tandis que les deux ailes de l'armée allemande se rejoignaient derrière elle, cette poignée de zouaves avait pu sans encombre, gagner la frontière. Là il y avait un autre danger à éviter, celui de se faire désarmer par les postes belges.

Guidés par des contrebandiers, suivant en file indienne des sentiers à peine frayés dans l'épaisseur de la forêt, marchant nuit et jour, après trente-six heures de fatigues et de privations, nos fuyards rejoignirent enfin la frontière française d'où ils furent dirigés par les voies rapides sur Paris.

C'est le lieutenant-colonel du 3e zouaves ainsi miraculeusement échappé au désastre, qui avait le commandement supérieur de tous les détachements réunis à Saint-Cloud.

J'allai de suite prendre ses ordres. Un heureux hasard me faisait retrouver en lui une ancienne connaissance. Nous causâmes longuement. Il revenait de Sedan, on sait dans quelles conditions ; il s'était aussi trouvé à Reischoffen. Encore sous l'impression de ces écrasantes défaites, il me parut profondément découragé. Non pas, bien entendu, qu'il ne fût décidé à faire son devoir jusqu'au bout, mais il ne croyait pas à un retour de la fortune. La confiance dans l'immensité des ressources qui nous restaient encore, l'espoir en un avenir meilleur lui faisaient également défaut.

Cette disposition d'esprit était commune, du reste, à tous les officiers qui avaient pris part aux premières opérations de la campagne. Une succession ininterrompue de revers sans pareils, l'entière destruction de cette armée dont les tronçons mutilés n'avaient pu se joindre et étaient devenus pour les Prussiens une proie facile, la défaite encore honorable des premiers jours, si promptement transformée en honteuse déroute, en capitulation sans exemple dans les fastes de notre histoire, avaient produit dans les âmes les mieux trempées une sorte d'abattement, de prostration dont il était peu aisé de les faire revenir.

Le soir, à dîner, une même table nous réunissait tous. Nous étions, hélas ! peu nombreux. Que pouvez-vous espérer, me disaient, non sans apparence de raison, mes nouveaux camarades, maintenant que nous n'avons plus ni généraux ni armées ?

La levée en masse nous donnera des hommes mais non des soldats. Le temps nous manquera pour les organiser et les instruire. Est-ce avec de pareils éléments que nous pouvons lutter contre une armée puissante par le nombre, aguerrie, disciplinée, enivrée de ses éclatants triomphes ?

Et nos chefs, où sont-ils ? — Trochu ? Homme d'étude et de cabinet, mais nullement homme d'action ; excellent critique, mais esprit méthodique et froid, incapable d'aucune conception hardie, d'aucune résolution énergique. C'est un très-bon divisionnaire, ce serait même un bon commandant de corps d'armée, mais le commandement en chef est trop lourd pour ses épaules, surtout dans des circonstances aussi critiques que celles que nous traversons.

Ducrot ? — Nous l'avons jugé à Sedan. Hautain, violent, présomptueux, il voudra tout dominer, tout absorber. Il prendra sur Trochu un déplorable ascendant, grâce à de vieilles relations d'amitié qui datent de Saint-Cyr. Il possède une qualité incontestable : la bravoure, mais nous ne lui en connaissons pas d'autres. Il n'a ni le coup d'œil, ni l'ampleur de vues, ni la grandeur de caractère indispensables en ce moment à un général en chef.

Vinoy ? — On dit que la façon dont il a ramené le 13e corps à Paris lui fait le plus grand honneur. Soit ; nous avons cependant mille bonnes raisons pour supposer qu'il a été mieux servi par les circonstances que par son talent. C'est un soldat, un bon soldat, rien de plus.

En un mot, nous avons ici trois généraux fort ordinaires, et il nous faudrait un homme de génie pour nous tirer d'affaire. Ceux qui vont nous commander n'ont même plus le *feu sacré;* plus que nous encore ils sont abattus, disons le mot, dégoûtés par nos revers.

Pour répondre à ces critiques si parfaitement fondées, j'étais fort en peine. Je plaidai cependant avec chaleur et conviction la cause de la lutte à outrance ; mais j'épargnerai au lecteur l'audition de cette plaidoirie. Quelle que fût la manière d'envisager la valeur des éléments de résistance qui restaient à la France, en admettant même l'impossibilité de ramener la victoire sous nos drapeaux, une chose était certaine : c'est que notre honneur était engagé à ne pas permettre aux Allemands d'entrer dans Paris sans coup férir.

Sur ce point nous étions tous d'accord.

On se mit à la tâche avec ardeur. Toute modeste que fût la nôtre, elle offrait ses difficultés.

L'effectif des trois régiments de zouaves réunis à Saint-Cloud se montait à 2,000 hommes environ, c'est-à-dire qu'il était à peine égal à l'effectif d'un seul régiment en temps de paix.

Sauf le noyau des vieux soldats échappés de Sedan et quelques réservistes, la très-grande majorité se composait de recrues provenant du dernier contingent ou d'engagés volontaires. Parmi ces derniers, je dois citer quelques jeunes Parisiens appartenant aux professions libérales. Ils sont d'autant plus dignes d'une mention spéciale qu'ils ont constamment donné l'exemple d'un dévouement à toute épreuve et d'une inaltérable bonne humeur, qualité fort précieuse en campagne. Sur cinq que j'ai particulièrement connus, deux ont été tués et un troisième blessé. Leur souvenir vit certainement encore dans le cœur de plus d'un vieux zouave, qui leur doit de n'avoir jamais vu s'épuiser sa provision de tabac.

Mais la bonne volonté ne saurait entièrement suppléer au manque d'instruction militaire, et, somme toute, nous comptions près de quinze cents hommes complétement étrangers aux premiers éléments de l'école du soldat.

Avant d'instruire tout ce monde, il fallait l'encadrer, c'est-à-dire le répartir en bataillons, compagnies, sections, escouades, puis placer à la tête de chacune de ces subdivisions le nombre d'officiers, sous-officiers et caporaux exigé beaucoup plus encore par les nécessités du service que par le règlement.

Ce n'était pas chose aisée en l'absence des registres matricules (toutes les pièces de comptabilité avaient été perdues dans la débacle de Sedan) et avec un effectif d'officiers et de sous-officiers réduit au sixième de son chiffre normal.

Des cadres ne s'improvisent pas ; il fallut se contenter de faire quelques nominations très-insuffisantes. Pour comble de bonheur nous n'étions ni embrigadés ni endivisionnés, si bien que chacun se mêlait de nous donner des ordres. Un jour le commandant de place nous envoyait des instructions dans un sens, le lendemain le gouverneur nous en adressait d'entièrement opposées ; — travail de Pénélope d'autant moins de circonstance que nous n'attendions pas Ulysse, mais bien les Prussiens. Tandis que les autorités militaires dont nous relevions plus ou moins directement résidaient à Paris, l'intendance chargée de la police administrative des zouaves avait ses bureaux à Versailles. On ne voulait nous ménager aucune complication.

Nous ne connaissions pas les hommes placés sous notre commandement, nous n'étions pas connus d'eux ; c'était un des plus graves inconvénients de notre situation. Il eût fallu, pour y remédier, laisser officiers et soldats en contact permanent. Au lieu de cela, comme tout nous manquait, effets d'équipement et de campement, armes et munitions, on envoyait chaque jour de nombreuses corvées chercher ces différents objets à Paris, à Versailles et même à Vincennes. Partant de grand matin, elles ne rentraient que tard dans la nuit. Les zouaves qui devaient rester à Saint-Cloud en profitaient pour échapper à la surveillance des rares sous-officiers laissés près d'eux. Ils couraient à Paris, y donnant le triste spectacle de leur ivresse et de leur indiscipline, sans que jamais l'autorité militaire ait cru devoir sévir, malgré les réclamations incessantes de notre colonel.

C'était cependant l'occasion pour M. le général

Trochu de lancer une de ces proclamations où il excelle. Il avait à relever le moral des vaincus, à faire appel à l'énergie des nouveaux combattants, à montrer à tous la France envahie réclamant un suprême effort de ses enfants, à rappeler enfin à ceux qui ne sauraient pas comprendre ce grand devoir, qu'ils y seraient rudement ramenés par une inflexible discipline. Mais rien, rien !

Nous nous débattions dans le vide, abandonnés à nous-mêmes, trop heureux encore quand on ne venait pas paralyser notre initiative.

Un beau jour, sous prétexte de réaliser des économies de main-d'œuvre, on envoya nos zouaves travailler à la redoute de Montretout. On tenait décidément à ne pas leur laisser le temps d'apprendre à charger leur fusil.

Je demande pardon au lecteur d'entrer dans tant de détails, mais ils ont leur valeur. L'incurie, l'imprévoyance que je signale ici se reproduisaient partout. On les retrouve dans toutes les mesures relatives à la défense de Paris ; elles ont été la cause dominante de la série de fautes et de revers qui ont précédé et rendu inévitable la capitulation.

MM. les généraux Trochu et Ducrot, dont le public s'était tout d'abord engoué, ont été depuis jugés sévèrement. Nous qui les avons vus de près à l'œuvre, nous trouvons qu'on a usé de trop d'indulgence encore à leur égard.

Le jour où ils ont accepté la tâche glorieuse d'organiser la défense, ils devaient s'y consacrer tout entiers. Leur expérience des choses militaires ne leur permettait pas d'ignorer quels soins minutieux, quelles précautions infinies on doit apporter à l'organisation de troupes de nouvelle levée. Il n'est pas de détail qui n'ait son importance ni auquel le général en chef puisse dédaigner d'apporter son attention. Et par-dessus tout, il faut qu'en toute circonstance et à chaque degré de la hiérarchie, on sente une impulsion ferme, réfléchie, continue, une volonté qui s'impose à tous, qui brise toutes les résistances et fait converger toutes les forces qu'elle entraîne vers un but bien déterminé.

Or, c'est précisément là ce qui nous manquait. Nous n'étions ni commandés, ni dirigés, ni fortifiés, ni soutenus. On verra par la suite de ce récit que ces critiques sont loin d'être exagérées.

Mettant à profit les regrettables loisirs auxquels je me trouvais condamné, je fus reconnaître les environs de Saint-Cloud et visiter les travaux de Montretout.

L'emplacement de la redoute, dominé à portée de canon par le plateau de la Bergerie, me parut singulièrement choisi.

En attendant mieux, cependant, il était évident qu'il fallait pousser activement des travaux commencés depuis deux mois, et déjà assez avancés. Quel fut donc mon étonnement de trouver seulement sur les chantiers cinq ou six cents travailleurs, alors que trois mille ouvriers auraient pu y être utilement employés ! Supposait-on que les Prussiens voudraient bien attendre que nous fussions prêts ou les bras manquaient-ils dans Paris ? Et puis ouvriers, militaires ou civils, arrivaient tard et partaient tôt. Qui empêchait donc de travailler la nuit ? Ne pouvait-on, au besoin, éclairer les chantiers avec la lumière électrique, comme on le fit jadis pour la construction des ailes du Louvre ? D'ailleurs est-il nécessaire d'y voir pour remuer la terre, et les Russes fortifiant Sébastopol devant nous, sous notre feu, ne nous avaient-ils pas donné un exemple qui aurait dû nous instruire ?

Si du moins les heures de travail avaient été bien employées ! Mais non. Travailleurs et surveillants rivalisaient de mollesse et d'indifférence.

J'entendis le futur commandant de la redoute émettre à plusieurs reprises l'opinion que l'on ne serait jamais prêt avant l'arrivée de l'ennemi. Et philosophiquement il s'en consolait en disant : « Après tout, les Prussiens ne profiteront pas de nos travaux, car ils ne pourront jamais s'établir ici sous le feu du Mont-Valérien. »

On verra plus tard que l'événement lui donna tort.

Mais était-ce donc là le langage que devait tenir un officier? Il est vrai qu'il subissait la loi commune. La responsabilité de ces défaillances remontait à ceux qui décourageaient nos efforts au lieu de stimuler notre zèle.

Ah ! qu'elles furent énervantes ces huit journées passées à Saint-Cloud, et que de sombres pressentiments y naquirent dans mon esprit !

Où étaient-ils donc ces glorieux hommes de guerre dont mon enfance avait appris à honorer la mémoire, debout jour et nuit, se rendant compte de tout par eux-mêmes, déployant en tous lieux une indomptable énergie, exaltant les courages, relevant les défaillances, réchauffant les tièdes au feu de leur patriotisme, communiquant à tous la confiance, l'enthousiasme et l'ardeur dont ils brûlaient ?

Il n'était pas donné à notre époque d'en voir surgir, et ceux qui avaient assumé sur eux le lourd fardeau de la défense nationale devaient nous dire un jour que la résistance de Paris n'était qu'une héroïque folie.

Le 15 septembre, vers quatre heures de l'après-midi, comme je descendais de Montretout, j'entendis sonner la marche du régiment.

Je cours à la caserne et j'apprends que les zouaves doivent immédiatement quitter Saint-Cloud.

La soupe est sur le feu : on renverse les marmites. Les rangs se forment rapidement et l'on se met en marche.

Nous entrons dans Paris. Arrivés au rond-point des Champs-Elysées, nous voyons défiler devant nous tout le 13e corps qui abandonnait ses bivouacs de l'avenue de la Grande Armée.

Qu'y a-t-il ? Que signifie ce mouvement précipité ? — Impossible de le savoir.

J'apprends seulement que toutes les troupes se concentrent dans Paris et que l'on vient de faire sauter le pont de Joinville-sur-Marne. C'est à n'y rien comprendre, car ce pont, battu par la redoute de la Faisanderie et dominé par les hauteurs de la rive droite, ne saurait servir de passage à l'ennemi. Mais on n'est pas militaire pour comprendre.

A huit heures, nous faisions notre entrée dans la caserne de la Pépinière.

Nos hommes s'y installent fort en désordre, puis on les invite à dormir en paix.

Est-ce pour cela que nous étions partis si précipitamment de Saint-Cloud et qu'on n'avait même pas laissé le temps à nos zouaves de manger la soupe ? ?

Que s'était-il passé ? — Je n'ai jamais pu le savoir ni n'ai jamais rencontré personne qui en ait rien su. Ce qu'il y a de certain, c'est qu'il y avait eu panique et panique très-réelle chez le gouverneur, c'est qu'on avait bel et bien fait sauter le pont de Joinville. Pourquoi ? — Mystère !

Ces mouvements de troupes avaient naturellement produit dans Paris une émotion assez vive. On s'interrogeait, les commentaires allaient leur train ; mais comme la population parisienne *croyait* encore au général Trochu, elle supposa qu'il avait d'excellentes raisons pour agir comme il le faisait.

Le lendemain nous nous occupâmes de mettre un peu d'ordre dans l'installation de nos zouaves, et même, si je m'en souviens bien, on profita de l'occasion pour leur imposer deux heures d'exercice. Heureux événement ! ils allaient enfin savoir comment on charge un chassepot.

Après une journée si bien employée, nous dormions tous du sommeil du juste, quand, vers minuit, on vint nous prévenir que le régiment prendrait les armes à 4 heures du matin.

Nous retournions à Saint-Cloud ou plutôt à Montretout.

Nous comprenions de moins en moins.

On nous fit camper sur les côtés de la route qui mène de Montretout au Mont-Valérien. A dix heures, les tentes étaient dressées et le café sur le feu. Et comme il ne fallait pas enlever aux zouaves le doux plaisir d'aller marauder dans les villas étagées entre la Seine et le plateau, on se garda bien de recommencer l'exercice de la veille.

La journée se passa donc dans une oisiveté complète. Cependant, comme on *s'attendait à quelque chose*, on se coucha de bonne heure.

A minuit encore, nous sommes réveillés, mais cette fois par une fusillade assez bien nourrie.

Quoi ! se dit-on, l'ennemi sur nous sans que nous ayons été prévenus par nos grands'gardes ? — Non. C'est un mulet qui s'est détaché. Un mobile en faction devant la redoute l'a pris pour un uhlan et a fait feu sans songer à lui demander le mot de ralliement. Ses camarades — je parle des mobiles — réveillés en sursaut, courent aux armes et la fusillade durerait encore si les officiers n'avaient mis le holà !

Au matin, nouvel ordre de départ : nous allons à Meudon.

Une grand'garde dans les bois de Meudon.

Ce fut, il m'en souvient, une délicieuse promenade. Rien de frais et de coquet comme ces villages des environs de Paris, baignés dans la brume ensoleillée d'une radieuse matinée d'automne. Beaux arbres des parcs, et vous mignonnes petites maisons tapies sous les fleurs, je vous saluais d'un regard déjà triste, car je prévoyais votre destin. Le pillage et l'incendie : voilà le sort qui vous attendait. Vous ne deviez plus voir vos hôtes aimés ; un vainqueur brutal allait surprendre tous vos secrets.

A la grille de Meudon, un officier de l'état-major général nous arrêta.

Chacun de nos bataillons, sous la conduite d'un guide, prit une direction différente.

Le deuxième, dont je faisais partie, se rendit à la capsulerie. Autour de nous, les bucherons faisaient rage, et nous eûmes à traverser force abattis avant d'arriver au point dont la garde nous était confiée.

La capsulerie avait été mise en état de défense. Les murs étaient crénelés, des communications intérieures établies. A trois cents mètres environ s'élevait une redoute assez forte construite par les soins du génie civil.

L'ingénieur chargé des travaux, homme fort intelligent, nous fut d'une grande utilité. Personne, en effet, parmi nous, ne connaissait le terrain qu'il était appelé à garder et peut-être à défendre ; et il va sans dire que, suivant les traditions de l'état-major français, on avait oublié de nous donner une carte.

Notre ingénieur nous accueillit d'autant mieux que les bras lui manquaient pour achever sa redoute (comme à Montretout), et son premier soin fut de nous demander des travailleurs, — ce qui lui fut aussitôt accordé. Après quoi, il se mit fort obligeamment à notre disposition pour nous faire reconnaître les environs, et nous montrer les défenses accessoires qu'il avait semées à profusion dans un rayon d'un kilomètre. Abattis, coupures, fils de fer tendus à quelques centimètres du sol, rien de ce qui pouvait embarrasser et retarder la marche de l'ennemi n'avait été négligé. Il comptait aussi employer les dépôts de fulminate restés à la capsulerie à la confection de torpilles de sa façon.

Comme, à la nuit, je devais m'établir en grand'-garde au rond-point des Bergères, et que je n'avais jamais mis les pieds dans le bois de Meudon, j'eus recours à l'inépuisable obligeance de l'ingénieur pour m'aider à découvrir le susdit rond-point. Grâce à lui et au plan parcellaire dont il était muni, je pus reconnaître l'emplacement que je devais occuper.

Je dois signaler ici un détail qui peint à merveille l'incurie de nos généraux. Avec deux compagnies — surtout avec des recrues — je ne pouvais garder qu'un espace très-restreint. Mes dispositions, d'ailleurs, devaient être subordonnées à l'appui que je pourrais trouver sur mes derrières et sur mes flancs. Or, non-seulement on nous avait laissé ignorer la position des deux bataillons qui nous avaient quittés à Meudon, mais j'allais m'aventurer à plus de deux killomètres du gros de mon bataillon, sans savoir ce que j'avais à ma droite et à ma gauche, sans être relié aux grand'gardes voisines — ce que commande la plus vulgaire prudence. Enfin, espérant que des ordres précis m'arriveraient avant la nuit, je rentrai à la capsulerie.

Il était trois heures de l'après-midi, et nous venions de nous mettre à table avec un appétit aiguisé par sept heures de marche, quand des coups de feu se font entendre au loin. Nous nous levons, et, dans une avenue du bois, nous voyons accourir plusieurs bûcherons criant : « Les voilà ! les voilà ! »

— Les voilà ! Qui ? Où ? leur demandons-nous.

Mais impossible d'obtenir une réponse de ces braves gens affolés.

Le mieux étant d'y aller voir, je fais immédiatement mettre sac au dos aux deux compagnies de grand'garde.

A un croisement d'allées, nous rencontrons un garde-chasse. Lui non plus ne sait rien, si ce n'est que, comme ses camarades, il a reçu l'ordre de prendre son fusil et de venir s'établir en faction au point où nous le trouvons.

D'officiers d'état-major, nous n'en avions point encore vu, et, malgré les prescriptions formelles du règlement sur le service en campagne, pas un général ne vint faire la visite des avant-postes.

Une fois à mon rond-point, je me sentis quelque peu embarrassé, je l'avoue, pour placer convenablement mon monde. Pour deux compagnies, soit 250 hommes environ, il n'y avait qu'un officier : moi ! Au lieu de 8 sergents j'en avais 3, et j'ignorais quelle confiance je pouvais mettre en eux. Quant aux caporaux, également insuffisants comme nombre, ils l'étaient encore plus au point de vue de l'instruction militaire. Le terrain très-couvert rendait de plus la surveillance fort difficile.

Je me décidai à resserrer ma ligne de petits postes de telle sorte que chacun d'eux pût communiquer de la voix avec ses voisins. Il me fallut les placer successivement et donner pour ainsi dire à chaque homme les instructions les plus minutieuses afin d'éviter les surprises et les méprises.

J'en étais au milieu de ma besogne quand la fusillade, qui avait cessé depuis une heure environ, éclata de nouveau sur notre gauche.

Naïvement je fais le commandement réglementaire pour déployer une compagnie en tirailleurs. Mes zouaves me regardent d'un air étonné et ne bougent pas. Alors, un à un, il me faut les poster derrière des abattis, les y faire coucher l'œil et l'oreille au guet, et surtout leur recommander de ne pas tirer — ils s'y apprêtaient déjà — tant qu'ils ne tiendraient pas à bonne portée un Prussien en chair et en os.

Ma ligne de tirailleurs avait bien de 6 à 800 mètres d'étendue. En véritable chien de berger, je courais de la droite à la gauche, puis des tirailleurs à la réserve qui, laissée sous le commandement d'un sous-officier, s'inquiétait fort au milieu du rond-point où elle croyait à chaque instant voir déboucher l'ennemi.

Au bout d'une heure de ce manége, ne voyant rien paraître et tout bruit ayant cessé, je rétablis mon monde à ses postes de nuit.

Le tapage que nous avions entendu, je l'appris le lendemain, provenait d'une grand'garde du 1er zouaves brusquement assaillie par des uhlans en reconnaissance.

Sur ces entrefaites, la nuit étant venue, je m'assis philosophiquement au pied d'un arbre, attendant les mots d'ordre et de ralliement qu'on ne m'avait pas encore donnés, et les débris du repas que j'avais dû abandonner à peine entamé.

Je reçus le tout vers 9 heures. Je fis donner le mot aux chefs de poste, et dévorai mon déjeuner transformé en souper par la grâce des Prussiens.

Les zouaves, de leur côté, avaient fait le café, et tout allait pour le mieux dans la plus fantastique des grand'gardes, lorsque je jugeai convenable de commencer les rondes que l'inexpérience et l'effarement de nos jeunes soldats rendaient plus indispensables que jamais.

J'envoyai un sergent-major à droite et je pris à gauche.

La lune, dont quelques rayons glissaient à travers les masses sombres du feuillage, me fit bientôt distinguer une forme humaine immobile à trente pas de moi.

Je fais résonner mon sabre, afin d'être reconnu, et m'arrête, attendant le « qui vive ? » auquel je dois répondre.

J'entends armer un fusil, mais pas un mot ne m'est adressé.

Las d'attendre, j'avance. Un éclair brille, une balle siffle à six pieds au-dessus de ma tête.

Cette aimable réception venait d'un zouave qui trouvait ma visite indiscrète, et pensait qu'on ne pouvait se promener la nuit dans les bois sans mauvaise intention. Telle fut, du moins, l'explication que je reçus, quand je lui fis observer, qu'avant de faire feu, il fallait savoir sur qui l'on tirait, et pour cela le demander.

— Quoi de nouveau de votre côté? dis-je au sergent-major que je rencontrai peu après.

— Rien, si ce n'est que tous les factionnaires ont tiré sur moi.

C'était peu encourageant. Je fis partout doubler les sentinelles, espérant diminuer ainsi les chances de panique si fréquentes avec de jeunes soldats, surtout la nuit; puis je revins m'étendre au pied de l'arbre dont j'avais fait mon quartier général.

L'heure et le lieu portaient à la rêverie, et rien dans le calme et le silence de cette belle nuit d'automne, sous l'ombre épaisse de ces bois, ne trahissait la présence de deux armées prêtes à en venir aux mains. Mais je ferai grâce au lecteur de mes méditations.

J'en fus tiré par un planton qui m'apportait une lettre. Je m'approchai d'un feu qui brûlait encore et, à sa lueur, je lus ce qui suit :

« Mon cher colonel,

« Les Prussiens exécutent devant nous une marche
« de flanc des plus imprudentes et j'espère les prendre
« en flagrant délit. Je compte sur vos zouaves. Ralliez
« tout votre monde et soyez prêt, au point du jour, à
« vous mettre en marche sous la conduite d'un officier
« de mon état-major. Signé : Général DUCROT. »

Ce billet, adressé à notre colonel, avait passé de main en main en guise d'ordre de mouvement.

J'affirme son authenticité et je le considère comme un des documents historiques les plus propres à démontrer et la présomption du général Ducrot et sa profonde ignorance des ressources dont il disposait.

Ainsi, me disais-je, voilà un général qui, depuis bientôt quinze jours que nous relevons de son commandement, ne s'est pas une seule fois enquis de notre situation.

Il ne sait rien de l'insuffisance de nos cadres, du peu de solidité de notre organisation, du manque absolu d'éducation militaire de tous et, croyant avoir sous la main un vieux régiment d'Afrique aguerri, compact, homogène, il lui destine un rôle important dans la bataille qui va se livrer dans quelques heures. Si tous ses calculs reposent sur des données aussi certaines, cela promet.

Il va sans dire que, gardant pour moi mes réflexions, je m'étais conformé de suite aux instructions que je venais de recevoir. Nouveau Petit-Poucet, j'avais, à tous les carrefours, établi des points de repère, me permettant de ne pas m'égarer en cas de marche de nuit. Je pus donc me diriger sur la capsulerie sans me perdre dans le dédale de routes et d'allées dont le bois de Meudon est percé.

Nous cheminions depuis un quart d'heure environ lorsqu'un violent feu de mousqueterie éclata sur notre droite. Persuadé que cela provenait encore d'une fausse alerte, je continuai ma route sans m'en inquiéter. J'avais deviné juste.

A la capsulerie, le bataillon nous attendait sous les armes. Dès que nous l'eûmes rejoint, nous nous mîmes en marche pour Meudon où nous devions rallier le gros de notre régiment.

Une heure après nous arrivions à la grille du parc. Elle était fermée et gardée par un poste d'infanterie *qui n'avait pas été prévenu de notre mouvement.*

— Qui vive? crie le factionnaire dès qu'il nous aperçoit.

— France ! répond, selon l'usage, un des clairons qui marchent en tête.

— Quel régiment ?

Ici une hésitation fort naturelle de la part de nos clairons venant, les uns du 1er, les autres du 2e ou du 3e zouaves.

Hésitation funeste, car le factionnaire de la ligne qui en ignorait la cause croit à une ruse de guerre et fait feu sur nous.

La queue de la colonne qui ne savait rien des motifs de notre halte ni des pourparlers engagés avec le poste de la grille, fait une décharge générale dans la direction d'où est parti le coup de feu.

Il y eut un instant d'indescriptible confusion, et dix uhlans survenant en ce moment nous auraient mis en déroute.

Les officiers crient : cessez le feu ! on sonne la marche du régiment et l'ordre finit par se rétablir. Dans cette bagarre, il n'y avait heureusement eu qu'un zouave de légèrement blessé à la tête.

On vient au-devant de nous, on nous reconnaît, on nous ouvre et l'on nous fait ranger en bataille sur la terrasse du château, avec permission de se coucher derrière les faisceaux, en attendant le départ qui doit s'effectuer au point du jour.

Les zouaves ne se le font pas dire deux fois, mais les officiers sont trop inquiets pour se livrer au sommeil.

Nous venions d'en faire l'expérience, le régiment n'était pas en état d'aborder l'ennemi en rase campagne. Son insuffisance dans un simple service de grand'garde avait mis à nu tous les vices de son organisation ; nous ne pouvions plus nous faire la moindre illusion à cet égard. Cependant il fallait obéir. Ce n'est pas à l'heure du combat qu'il est permis de protester contre l'ordre qui vous y envoie, alors même qu'on est certain de n'y pouvoir jouer un rôle utile.

Bataille de Châtillon.

A cinq heures du matin, nous nous mettions en route dans cet ordre bizarre : en tête, le 3e bataillon, puis le premier, puis le deuxième.

Nous traversons le village de Meudon. Quelques habitants sur le seuil de leurs portes nous regardent passer d'un air assez indifférent Ils ignorent sans doute où nous allons.

Nous venions de nous engager dans un chemin creux quand de sourdes détonations nous avertissent qu'au loin la bataille est engagée. Nous hâtons le pas.

A un moment donné nous quittons la route pour gravir une pente escarpée et boisée ; puis nous débouchons sur un vaste plateau découvert.

On nous arrête, on nous forme en colonne en arrière d'un petit bâtiment d'exploitation (la ferme de Trivaux) et, l'arme au pied, nous attendons les événements.

C'est le moment de chercher à nous rendre compte de notre position.

A droite sont les pentes boisées que nous venons de gravir. A cinq cents mètres devant nous, le terrain s'abaisse brusquement vers la grande chaussée qui relie Choisy-le-Roi à Versailles. Sur notre gauche et sur nos derrières s'étend le plateau de Châtillon, qu'une brume légère enveloppe. Nous distinguons, pourtant, sur la route de Châtillon au Plessis-Piquet, une colonne d'artillerie en marche. Plus près de nous, une brigade d'infanterie et une batterie d'artillerie se portent en avant, dans un ordre que nous admirons. Il est vrai que l'engagement, qui avait commencé par la gauche de notre ligne de bataille, c'est-à-dire à trois kilomètres environ du point où nous nous trouvions, ne s'était pas encore étendu jusqu'à nous.

Cependant, nous voyons quelques-unes de nos pièces se mettre rapidement en batterie et commencer le feu. Nous dévorons l'horizon du regard, mais la déclivité du terrain ne nous laisse rien voir.

Tout à coup, ce bruit strident que l'on n'oublie jamais quand une fois on l'a entendu, se fait entendre au-dessus de nos têtes. C'est l'artillerie prussienne qui répond à la nôtre. Un obus, promptement suivi de cinq autres, passe sur nous et va éclater à cent mètres en arrière de la colonne.

Comme un champ de blé que couche un vent d'orage, le régiment, dès qu'il avait senti passer le premier projectile, s'était brusquement jeté à terre, se relevant pour se coucher à chaque nouvel obus.

Seuls, les officiers étaient restés debout

Nos hommes, qui ne connaissaient pas les obus percutants, semblaient surtout effrayés des détonations qui retentissaient derrière eux.

Il y avait là quelque chose de mystérieux, d'inconnu, d'incompréhensible, qui redoublait leur effroi. Ils portaient en arrière des regards inquiets comme pour y découvrir un ennemi invisible.

Nous nous efforcions de les rassurer, de leur expliquer combien était simple le phénomène qui les surprenait tant. Mais, hélas ! un officier pour deux cents hommes, c'est bien peu. Il nous fallait passer d'un peloton à l'autre pour essayer de communiquer à tous la confiance et la sécurité que nous affections.

En réalité, nous étions nous-mêmes forts inquiets, et la raison en est simple : Nous étions placés de telle sorte que tous les coups destinés à la batterie qui se trouvait devant nous devaient nous atteindre, pour peu qu'ils vinssent à dépasser un peu le but.

Rester immobile sous le feu de l'artillerie exige des troupes d'infanterie un calme et une solidité à toute épreuve ; que serait-ce avec de jeunes soldats incomplétement encadrés, paraissant pour la première fois sur un champ de bataille, fatigués, énervés par une nuit d'alertes et d'insomnie, et n'ayant, pour soutenir leur moral, ni l'excitation de la lutte, ni le prestige du succès de nos armes ?

Déjà nous avions peine à les contenir, ne devions-nous pas redouter une débandade générale au premier projectile éclatant au milieu de leurs rangs ?

Nos prévisions ne furent que trop justifiées.

Chacun de nous, après s'être communiqué rapidement ses impressions, s'était placé de manière à bien voir tout son monde et à en être vu, car, en pareil cas, l'exemple des officiers est d'un effet puissant.

A peine étions-nous à nos postes, qu'un premier obus vient éclater sur les flancs de la colonne sans blesser personne. Un second lui succède et tombe en plein, celui-là, dans l'un de nos pelotons. Un homme est coupé en deux, un autre a la cuisse brisée, cinq ou six sont atteints plus ou moins grièvement par les éclats. Leurs voisins se sont reculés, un vide s'est formé autour d'eux. A la vue de ces corps mutilés se tordant sur le sol, il y eut un instant de stupeur chez nos jeunes soldats, puis d'autres projectiles étant venus tomber coup sur coup dans leurs rangs, ce fut un sauve-qui-peut général. En un instant, avant que nous eussions pu rien prévoir ni rien prévenir, nous fûmes bousculés, entraînés par ce torrent humain qui se précipitait vers les bois où il espérait trouver un refuge. Nos cris, nos appels désespérés, nos efforts, tout fut impuissant à arrêter les fuyards ; nous dûmes mettre le sabre à la main.

Les moins affolés s'étaient arrêtés — s'y comprenant à l'abri — sur le versant du plateau. C'est là que nous pûmes les rallier, les reformer et les rappeler au sentiment de leur devoir. Mais beaucoup, poursuivant leur course désordonnée, avaient fui loin du champ de bataille. Les uns restèrent couchés dans le bois jusqu'à la nuit, les autres retournèrent à Meudon, d'autres enfin poussèrent jusqu'à Paris y portant la nouvelle prématurée de notre défaite. Et comme il leur fallait expliquer leur fuite à une population anxieuse, ardente, avide de renseignements, quelques lâches eurent l'audace de prétendre qu'on les avait conduits au feu sans cartouches. Mais leurs chassepots vierges et leurs gibernes pleines les eurent bientôt trahis ; ils furent arrêtés par les gardes nationaux justement indignés.

Cependant on avait reformé notre colonne à l'abri de la ferme de Trivaux sur un terrain moins fouillé par les obus.

A ce moment le général Ducrot, qui parcourait la ligne de bataille, arrivait près de nous. Il parut étonné de nous voir là, alors que nous aurions dû être à la grange Dame-Rose, c'est-à-dire à 1,500 mètres plus en avant. Informations prises, il fut reconnu que l'officier d'état-major chargé de nous conduire s'était trompé!!! Ce n'était pas la première fois que pareille chose arrivait, ce ne devait pas être malheureusement la dernière.

Il était trop tard pour nous reporter en avant, d'autant que nos affaires n'allaient pas très-bien à gauche et au centre. Pour parer à toute éventualité, on nous fit déployer en tirailleurs sur la lisière du bois. En quel ordre s'opéra ce mouvement, on le devine sans peine.

Le terrain, ainsi que je l'ai indiqué déjà, descendait brusquement vers le bas-fond que nous avions traversé le matin. Nos hommes en profitèrent pour se coucher au-dessous de la crête du plateau et se dérober ainsi aux coups de l'ennemi. Les soldats les plus inexpérimentés ont un merveilleux instinct du *défilement*.

Cependant les régiments d'infanterie, qui jusque-là nous avaient fort heureusement couverts, commençaient à plier devant un ennemi toujours invisible pour nous, mais dont la mousqueterie s'entendait distinctement. Bientôt les balles des chasseurs bavarois vinrent couper les branches des arbres qui nous abritaient, et je pus constater *de visu* qu'ils se servaient de projectiles explosibles, bien qu'ils s'en soient toujours défendus.

Tout à coup s'élèvent des clameurs confuses, la fusillade crépite avec une intensité croissante, et des bataillons en désordre se replient précipitamment.

Un officier supérieur d'état-major qui passe le long du bois, m'aperçoit debout et immobile, mais ne voyant pas les zouaves accroupis dans la broussaille, il me demande ce que je fais là.

— Je suis ici avec le régiment de zouaves qu'on vient de déployer en tirailleurs. Nous attendons.

— Je n'ai pas d'ordre à vous donner, monsieur, reprend-il, mais je crois devoir vous prévenir que tout le monde bat en retraite, que la ferme est évacuée, et que vous allez vous trouver fort en l'air si vous restez ici. Et il s'éloigne au galop.

J'informe aussitôt le commandant de ce que je viens d'apprendre, et lui-même fait avertir le colonel.

Nous occupions l'extrême droite de la ligne de bataille et nous étions placés en potence, comme si nous avions été destinés à attaquer les Prussiens en flanc. En restant dans cette position, nous courions le risque d'être tournés et coupés du reste de l'armée. Il fallait donc se hâter de prendre une détermination.

Déjà le 3e bataillon, celui qui, heureusement, comptait le plus de vieux soldats dans ses rangs, était aux prises avec l'ennemi ; le 1er s'engageait à son tour, lorsque le colonel vint s'assurer par lui-même que nous étions bel et bien abandonnés.

« Tirailleurs par le flanc gauche ! » commanda-t-il aussitôt ; et le 2e bataillon qui se trouvait à la gauche du régiment commença le mouvement. Mais au milieu du bruit, le commandement n'arriva pas jusqu'aux tirailleurs du 1er zouaves.

Le colonel, désireux de conduire au plus vite son régiment sur une position meilleure et se croyant suivi de tout son monde, se mit à notre tête. Ainsi, par suite d'un déplorable malentendu, deux de nos bataillons restaient seuls sur le champ de bataille. Sans la vigueur et l'intelligence des officiers qui les commandaient, un désastre était inévitable. Mais quand ils se virent réduits à leurs propres forces et pressés par un ennemi vingt fois supérieur en nombre, ils se replièrent à leur tour, sans cesser de tenir tête aux assaillants, et en opérant une retraite excentrique sur Meudon.

Quant à nous, d'après l'intention du colonel, nous devions nous porter rapidement en arrière, sur le flanc des colonnes en retraite et profiter du premier accident de terrain favorable pour faire face à l'ennemi et l'arrêter autant qu'il serait possible.

Mais au bout de cinq minutes de marche, nous fûmes assaillis par une véritable avalanche de fuyards abandonnant le plateau balayé en tous sens par l'artillerie ennemie. La déroute était générale.

Jusqu'alors c'est à grand'peine que nous avions pu maintenir un peu d'ordre parmi nos zouaves ; noyés maintenant dans un flot d'hommes appartenant à tous les corps, nous n'en étions plus maîtres. Quand nous arrivâmes au-dessous du fort d'Issy, nous avions tout au plus 50 zouaves avec nous. Que faire ?

Le colonel était désespéré. Evidemment la bataille était perdue. Les zouaves, à peine engagés, loin de soutenir leur vieille réputation de bravoure, s'étaient débandés des premiers. Ils étaient dispersés partout, et aucun point de ralliement n'avait été indiqué.

Il fallait cependant prendre une résolution.

Le colonel se décida à renvoyer son petit détachement à la caserne de la Pépinière, que nous avions quittée trois jours auparavant, et où nous avions laissé le magasin du corps ; lui s'en fut chez le gouverneur rendre compte du désarroi de son régiment et lui en expliquer les causes.

Nous n'avions vu qu'un très-petit côté de la bataille ; bientôt nous en connûmes les tristes résultats.

L'ennemi qui, contrairement aux prévisions du général Ducrot, nous était de beaucoup supérieur en nombre, avait eu facilement raison de troupes démoralisées et désorganisées comme l'étaient les nôtres.

En exécutant son mouvement de flanc de Choisy-le-Roi sur Versailles, il avait pris toutes les dispositions propres à lui permettre de passer promptement à l'offensive s'il venait à être attaqué. Nous l'avions bien senti à la vigueur et à la rapidité de ses coups. Aussi, malgré le courage déployé par quelques bataillons de mobiles et la ferme attitude de notre artillerie, l'issue de la journée ne fut pas un instant douteuse.

Quant à la panique si regrettable des zouaves, dont on fit alors grand bruit, et à laquelle le général Ducrot n'était pas fâché d'attribuer en partie son échec, elle n'eut, en réalité, aucune influence sur le sort de la journée. Nous étions en seconde ligne quand elle se produisit, l'ennemi n'en eut pas connaissance. Et lorsque notre première ligne fut rompue, il n'était plus possible de disputer la victoire aux Allemands. Tout au plus aurait-on pu la leur faire payer un peu plus cher.

Le grand coupable, le 19 septembre, ce fut M. le général Ducrot. Mal renseigné sur les forces et les dispositions de l'ennemi, il lança 45,000 jeunes soldats sur 80,000 hommes de troupes aguerries, ce qui était déjà une faute grave. Il eut ensuite le tort impardonnable d'aller chercher l'ennemi en rase campagne, au lieu de se tenir prudemment sur la défensive derrière les ouvrages en terre de Châtillon et de Meudon, ouvrages assez forts déjà pour défier une attaque de vive force.

Si ces redoutes avaient été reliées et couvertes par des tranchées où notre infanterie aurait trouvé un abri, si elles avaient été armées d'une puissante artillerie, placées, comme elles l'étaient, sous la protection de nos forts, il est probable que l'ennemi ne nous les eût point enlevées ce jour-là. Gagner du temps, c'était nous permettre de rendre ces positions inexpugnables, et peut-être nous assurer la possession si importante du plateau de Châtillon.

De toute façon, nous combattions dans des conditions beaucoup plus avantageuses.

Au lieu de cela, Châtillon, Meudon, Montretout même (???) furent abandonnés. Paris, complétement investi, enfermé dans un cercle de fer, allait désormais se trouver livré à ses seules ressources.

CHAPITRE II

Paris à la fin de septembre

Dans un ordre du jour dont le véritable sens échappa alors à peu près à tout le monde, M. le général Trochu, gouverneur de Paris et président du gouvernement de la défense nationale, attribuait au général Ducrot « *tout l'honneur* » (!) de la journée du 19 septembre.

Pour nous, qui avions été conduits sur le champ de bataille dans les conditions que l'on sait, nous pensâmes que M. le général Trochu cherchait à dégager sa responsabilité dans cette affaire dont la conception et l'exécution étaient de tout point condamnables.

Plus on y refléchissait, moins on pouvait voir dans la bataille de Châtillon autre chose qu'une insigne folie. Pour tous les gens de bon sens, nous devions provisoirement nous tenir derrière nos ouvrages, en augmenter le nombre et la qualité, puis nous borner à de petites sorties, à des chicanes d'avant-postes, jusqu'au jour où les mobiles un peu aguerris et la garde nationale complètement organisée permettraient d'entreprendre des opérations plus sérieuses.

Nous pensions que telle devait être l'intention du général Trochu et que, dans son for intérieur, il déplorait la latitude par lui laissée au général Ducrot.

Nous nous trompions. Dans tout cela, il n'y avait en jeu que de misérables questions de personnes et d'ambitions rivales. Le gouverneur voulait confier au général Ducrot le commandement supérieur de toutes les troupes renfermées dans Paris, et il n'avait d'autre raison pour en agir ainsi que ces vieux sentiments de camaraderie dont j'ai déjà parlé. Je m'explique : il a existé, il existe peut-être encore en Afrique une sorte de franc-maçonnerie entre certains officiers ayant occupé des positions exceptionnelles et surtout des emplois dans les bureaux arabes.

Ces officiers se prêtent en toute circonstance un mutuel appui, se *poussent* réciproquement, pour me servir de l'expression usitée dans l'armée où l'association est connue sous le nom de *Société d'admiration mutuelle.*

Ainsi verrons-nous, pendant toute la durée du siége, le *Journal officiel* brûler l'encens aux pieds des deux seules divinités qui avaient nom Trochu et Ducrot.

Nos vieux officiers ne s'y trompèrent pas en lisant l'ordre du jour du gouverneur. Quant au bon public, il n'y comprit pas grand'chose si ce n'est que nous avions été battus une fois encore, et qu'il fallait essayer de ne plus l'être.

La population parisienne ne s'était point laissé abattre par la défaite dont elle venait d'être témoin. Sa volonté de lutter quand même, de subir toutes les rigueurs d'un long siége plutôt que de se rendre, s'affirmait avec une énergie croissante.

C'était l'époque où Strasbourg en flammes refusait d'ouvrir ses portes aux Allemands. Paris jura de suivre l'exemple de l'héroïque cité. Chaque jour des bataillons de garde nationale venaient déposer des couronnes d'immortelles et des drapeaux enveloppés de crêpes aux pieds de la statue de la ville de Strasbourg qui orne un des angles de la place de la Concorde.

Là, des discours respirant le plus ardent patriotisme étaient prononcés, on signait sur un registre *ad hoc* l'engagement de s'ensevelir sous les ruines de Paris plutôt que de le livrer à l'ennemi. Certes, dans ces manifestations pompeuses, il y avait un peu de cette mise en scène si chère aux Parisiens, mais il y avait aussi une exaltation de patriotisme sincère et profond, et cette exaltation, il dépendait du gouverneur de la faire tourner tout entière au profit de la défense.

Paris renfermait trois cent mille gardes nationaux armés. Sur ce nombre, cent mille environ, célibataires ou veufs sans enfants et âgés de moins de trente-cinq ans pouvaient être incorporés dans les rangs de l'armée. Il n'y avait pour cela qu'à ordonner l'application d'un décret déjà rendu par le régime déchu, et, à coup sûr, il ne se serait élevé aucune protestation.

Ce renfort de cent mille combattants jetés dans les cadres de l'armée régulière lui aurait donné un renouveau de vigueur, d'enthousiasme et d'énergie dont il était permis d'espérer les meilleurs résultats. Mais point. Le gouverneur ne prenait aucune décision, et il ne fallut rien moins que les plaintes réitérées de la presse pour le forcer à sortir de son inertie. Il ne se décida que tardivement à emprunter à la garde nationale ses éléments les plus jeunes et les plus vigoureux pour les constituer en bataillons de marche. Puis cela fait, — et mal fait, après mille tâtonnements, mille essais incomplets, — le gouverneur, fier de son œuvre, se croisa les bras comme Dieu le septième jour de la création. On avait des bataillons de *marche*, mais, ainsi qu'on le verra plus loin, on ne les fit *marcher* que lorsque tout espoir était perdu.

Les quelques observations que je présente ici très-rapidement, sont le résumé de ce qui se disait alors un peu partout, dans les conversations particulières et dans les cercles, dans les journaux et dans les réunions publiques. La suite de ce récit montrera ce qu'elles avaient de fondé.

Je ne saurais davantage passer sous silence les bruits fort accrédités qui représentaient le gouvernement comme manquant de cette unité de vues, de cet accord de volontés que les circonstances, cependant, commandaient impérieusement. Quelques-uns de ses membres, comme MM. Gambetta et Dorian, se montraient animés d'une ardeur, d'une énergie, d'un esprit de ressources qui, trop souvent, venaient se briser contre les hésitations fatales, la mollesse et l'inertie de MM. Trochu et Picard. N'était-ce pas une faute, d'ailleurs, d'avoir confondu dans une seule et même main tous les pouvoirs civils et militaires? N'était-il pas à craindre que les préoccupations purement politiques du président du gouvernement de la défense nationale ne vinssent absorber, au préjudice de la défense, les instants du gouverneur de Paris? Et quand M. Gambetta fut envoyé en province pour y organiser la résistance, plus d'un, tout en applaudissant à cette mesure, se demanda si l'on avait pas voulu se débarrasser d'un témoin gênant.

C'est vers cette époque qu'il fut pour la première fois question de la Commune. A tort, je le pense, on s'épouvanta du mot. Il s'agissait simplement de rendre à Paris son droit d'être représenté par une municipalité librement élue. Depuis l'investissement, le grave problème de l'alimentation de deux millions de bouches s'imposait à tous les esprits. Pour le résoudre, ce n'était pas trop du concours de toutes les intelligences et de toutes les bonnes volontés ; et un conseil municipal dans lequel la population parisienne aurait eu confiance pouvait éviter au gouvernement bien des soucis, bien des embarras. J'ai souvent entendu des hommes fort modérés se prononcer dans ce sens, et je crois, pour mon compte, que des élections municipales faites en septembre nous auraient épargné bien des malheurs. Peut-être même une Commune légale et pacifique installée dans ces conditions eût-elle prévenu et rendu impossible la Commune révolutionnaire du 18 mars.

Quoi qu'il en soit, le gouvernement s'y refusa. Et, chose digne de remarque, il fut poussé dans cette voie par les journaux mêmes qui devaient le plus vivement lui reprocher de ne pas convoquer les électeurs pour la nomination d'une Assemblée nationale.

Quant aux généraux, ils ne s'entendaient guère plus entre eux que les membres du gouvernement. Le général Vinoy, beaucoup plus ancien de grade que le général Ducrot, souffrait de se voir placé sous les ordres de ce dernier. Pour éviter un éclat, le général

Trochu dut constituer trois armées. MM. Ducrot et Vinoy furent placés à la tête des deux premières ; la troisième, exclusivement composée de gardes nationaux, releva directement du général Clément Thomas. Mais, pour les raisons que j'ai indiquées, le général Ducrot n'en conserva pas moins une influence prépondérante et *funeste* sur la direction des opérations militaires, et il est juste de lui réserver la plus grande part de responsabilité dans la série d'échecs subis par l'armée de Paris du 19 septembre 1870 au 19 janvier 1871.

J'en ai fini avec les considérations générales, et je reviens à mon rôle de témoin.

Les plaintes du lieutenant-colonel des zouaves avaient porté leurs fruits. Dès le 20 septembre, nos trois bataillons étaient concentrés partie à la caserne de la Pépinière, partie à la caserne de la rue Verte qui en est voisine. Il fut décidé que ces trois bataillons seraient réunis en un seul régiment qui prendrait le titre de 4e régiment provisoire de zouaves. C'était déjà, point essentiel, arriver à l'unité de commandement et d'administration, et par conséquent éviter d'inutiles complications.

Des officiers, en nombre assez considérable, avaient réussi à s'échapper des prisons de l'ennemi. Rentrés à Paris sous divers déguisements, ils étaient allés aussitôt offrir leurs services au général Trochu. On nous en envoya autant qu'il était nécessaire pour mettre nos cadres au grand complet. Peu après, un colonel nous fut donné, ce qui nous faisait entièrement rentrer dans les conditions normales d'une organisation sérieuse. C'était à nous, dès lors, à tirer parti de ces nouveaux moyens d'action.

Chaque commandant de compagnie commença par adresser à ses hommes un petit discours pouvant se résumer ainsi :

« Mes amis, la France n'a plus d'armées; mais
« comme son honneur est engagé à continuer la lutte,
« elle en va former de nouvelles. En temps ordinaire,
« il faut deux ans pour faire l'instruction d'un soldat;
« les Prussiens n'étant pas disposés à attendre, nous

« n'avons pas même deux mois pour nous préparer.
« Il est donc nécessaire que chacun y mette du sien
« et redouble d'activité et de dévouement.

« Nous comptons sur vous parce qu'aujourd'hui il
« ne s'agit plus de se battre pour le bon plaisir d'un
« empereur, mais parce que nous avons à défendre
« nos foyers, nos champs, nos fortunes, l'intégrité de
« notre territoire contre un ennemi bien décidé à nous
« faire payer cher la paix si nous sommes incapables
« de le vaincre.

« Chacun de vous, nous en sommes persuadés,
« comprendra le grand devoir qui incombe à tout
« Français. Si, cependant, il en était parmi vous qui
« n'entendissent point la voix de l'honneur et du
« patriotisme, nous leur ferions sentir toute la rigueur
« d'une discipline inflexible.

« Nous vous promettons de vous donner l'exemple.
« Mais retenez bien ceci : ou vous affronterez brave-
« ment la mort sur le champ de bataille, ou vous
« serez fusillés sans pitié comme des traîtres et des
« lâches. Choisissez ! »

Si parler est bien, agir est mieux encore.

En conséquence, les zouaves furent rigoureusement consignés dans leurs casernes. Il importait de rattraper le temps perdu.

Une fois l'effectif des bataillons et des compagnies égalisé, les subdivisions encadrées, on poussa activement l'instruction des sous-officiers et l'exercice des recrues. Tout fut mené de front : théories, manœuvres, étude du service en campagne, etc., etc.

Je ne voudrais pas dire que l'on fit tout ce qu'il était humainement possible de faire ; car, hélas! nous devions toujours nous ressentir de la faiblesse et de l'indécision du commandement supérieur. Mais, enfin, quand, au bout de quinze jours, le ministre de la guerre vint nous passer en revue, le régiment avait déjà fort bon aspect sous les armes et ne ressemblait plus en rien à cette masse confuse, sans consistance et sans cohésion, qui faisait si triste mine à Châtillon.

Le gros de la besogne étant achevé, nous pouvions

désormais prendre une part active à la défense de Paris. On nous envoya à Courbevoie.

La Presqu'île de Gennevilliers.

COURBEVOIE

Le seul pont qu'on eût conservé sur la Seine en dehors des fortifications, était celui de Neuilly.

En face de Neuilly, sur la rive gauche, le village de Courbevoie, protégé lui-même par le remblai très-élevé du chemin de fer de Versailles, forme une tête de pont naturelle.

Aussi, Courbevoie avait-il été mis en état de défense dès les premiers jours du siége. Mais, là encore, l'absence de toute idée préconçue, de tout plan bien arrêté se trahissait par l'incohérence d'un système de barricades beaucoup plus propres à gêner les mouvements des défenseurs qu'à arrêter l'assaillant. Nous étions destinés à mettre un peu d'ordre dans ce chaos.

Chaque compagnie eut à établir sur son front une ou deux barricades — selon le terrain — de manière à présenter avec les maisons crénelées une enceinte continue dont toutes les parties reliées entre elles se prêteraient un mutuel appui.

J'avais, pour mon compte, à barrer la route qui va de Courbevoie à Asnières en longeant la Seine. Les matériaux ne nous manquaient pas, car déjà le village à demi dévasté et en partie abandonné par ses habitants nous fournissait en abondance poutres, madriers, palissades de clôtures et grilles de fer. Quant aux outils indispensables — pelles et pioches — on avait négligé de nous en fournir, de sorte qu'il fallut laisser les zouaves se mettre en quête dans les maisons abandonnées. C'était regrettable à tous les points de vue. Pour nous, nous y trouvions la preuve nouvelle d'une imprévoyance qui commençait à nous inquiéter sérieusement ; pour les zouaves, c'était une occasion de maraude qu'on aurait dû éviter à tout prix. Ils n'étaient déjà que trop disposés à se considérer comme en pays ennemi et à faire main basse sur tous les objets à leur convenance. Rien n'est plus propre à développer dans une armée les germes funestes de l'indiscipline et de la démoralisation.

Enfin, je me mis à la besogne avec ardeur le soir même de notre arrivée ; trois jours après, ma barricade était construite. Je n'y avais épargné ni le bois, ni la terre, — ni le temps ; aussi pouvait-elle défier les obus prussiens.

Je transformai bientôt mon poste en station navale. Voici pourquoi et comment : Un des moyens employés par les espions qui pullulaient dans Paris, pour communiquer avec le dehors, consistait à jeter dans la Seine des bouteilles hermétiquement bouchées et contenant des lettres et des journaux. Ces bouteilles, livrées au courant, en aval de l'estacade du *Point-du-Jour*, étaient généralement portées vers la rive occupée par les Prussiens. Ils les recueillaient près du pont de Saint-Cloud. Parfois aussi les bouteilles tenaient le milieu de l'eau, et l'ennemi ne pouvait se risquer à venir les chercher sous notre feu. Alors elles descendaient tranquillement le cours de la Seine et passaient à Courbevoie précisément devant ma barricade.

Un certain jour, en ayant aperçu plusieurs, je fis rapidement mettre à l'eau une légère embarcation remisée sous un hangar dans le jardin attenant à mon poste.

On improvise des rames avec des planches ; puis quelques zouaves, stimulés par la promesse d'une récompense, et choisis parmi les meilleurs nageurs, donnent la chasse aux bouteilles prussiennes.

Sur trois qui me furent rapportées, deux étaient vides.

La troisième contenait un billet daté de Paris, couvert de caractères hiéroglyphiques mêlés à quelques mots allemands. Aidé de mes souvenirs d'école et de tous les Alsaciens de ma compagnie, je ne pus réussir à en déchiffrer le sens. J'ignore si on aura été plus heureux ou plus habile à l'état-major général où le billet en question fut porté.

Outre nos travaux de défense et notre service de garde, nous avions à faire des reconnaissances dans la presqu'île de Gennevilliers.

On sait que la Seine, après avoir couru du sud-ouest au nord-est entre Sèvres et Saint-Ouen, tourne brusquement vers le nord-ouest, puis s'infléchit pour redescendre vers le sud-ouest jusqu'à hauteur de Bougival, où elle décrit un nouveau méandre. C'est l'espace compris entre les deux branches de cet U, dont le sommet est tourné vers le nord-est, qu'on appelle la presqu'île de Gennevilliers.

L'ouverture en est fermée par le mont Valérien qui foudroierait de ses feux toute colonne essayant de déboucher de Rueil ou de Bougival.

Je m'expliquais donc difficilement pourquoi nous n'occupions pas toute la presqu'île au lieu de nous tenir prudemment confinés dans Courbevoie. Quant aux reconnaissances, je ne comprenais pas davantage leur utilité. Bon pour de fortes patrouilles, la nuit !

Mais dans le jour, était-il admissible que l'ennemi osât s'aventurer sur un terrain où il se trouverait enfermé entre la Seine de trois côtés et le mont Valérien du quatrième ?

C'est ainsi que chaque détail nous montrait l'incroyable légèreté de ceux qui dirigeaient nos opérations militaires.

Un matin, mon bataillon fit à son tour la reconnaissance réglementaire. Nous allâmes jusqu'à Asnières — sans rien voir, bien entendu.

Au delà du village, une lunette entièrement achevée et solidement construite, formait tête de pont. Elle n'était ni armée, ni gardée ? ? ?

Entre Asnières et le village de Gennevilliers s'élevait une redoute que l'on n'occupait pas le jour, mais dans laquelle on envoyait la nuit un poste de quarante hommes commandé par un officier, pour surveiller la rive ennemie. Dans le cas où les Prussiens auraient tenté le passage, le feu devait être mis, comme signal, à une meule de paille et de bois sec préparée pour cet usage.

Tout cela était bien mesquin, bien puéril, bien insuffisant. Si de ce côté nous n'avions pas à redouter d'attaque sérieuse, nous nous exposions du moins à laisser enlever par un coup de main tenté la nuit, nos avant-postes trop faibles et trop isolés.

On finit sans doute par s'en apercevoir, car l'ordre nous arriva de porter nos grand'gardes à Colombes et de détacher nos avant-postes jusque sur les bords de la Seine.

COLOMBES

Le village de Colombes, situé sur l'un des points culminants de la presqu'île, est un excellent poste d'observation et de défense.

Une redoute en défendait les approches du côté ouest, et quelques barricades fermaient les principales artères.

C'est là que le capitaine B... et moi fûmes envoyés avec deux compagnies. Il nous était expressément recommandé de ne pas nous laisser voir, de défiler nos feux de cuisine derrière les maisons du village et de n'occuper la redoute qu'à la nuit. La veille, paraît-il, l'artillerie prussienne avait quelque peu effarouché une grande reconnaissance dirigée sur ce point. On voulait donc nous éviter la visite importune des obus ; c'est ainsi, du moins, que nous interprétâmes les allures mystérieuses que l'on nous faisait prendre.

On avait eu l'ingénieuse idée de profiter de la reconnaissance dont je viens de parler, pour essayer de faire franchir les lignes prussiennes à un émissaire du général Trochu. Naturellement, le bateau qui le portait fut découvert de suite par les Prussiens, que la présence de nos troupes tenait en éveil. Criblé de balles, il s'échoua à grand'peine à l'île de Moulin-Joli. Le batelier se sauva à la nage ; quant au pauvre émissaire, ne sachant pas nager, il dut se résigner à rester dans l'île.

Un paysan nous en ayant informés, nous avisâmes à délivrer ce nouveau Robinson. L'île était bel et bien déserte, et l'on y serait mort de faim tout comme si elle eût été située aux antipodes de Paris.

Un zouave, excellent nageur, s'offrit pour tenter l'aventure. Il put gagner, sans être remarqué, la levée qui protége contre l'inondation les terrains bas de la presqu'île. En un clin d'œil il eut quitté ses vêtements et traversé le petit bras de rivière qui le séparait de l'île. L'hôte improvisé du Moulin-Joli, qui était aux aguets, reçut son libérateur avec des transports de joie faciles à comprendre. Cependant, si l'aller n'avait pas présenté de grands dangers, le retour se compliquait de deux dificultés : d'abord, il s'agissait de faire traverser la Seine à un homme qui ne savait pas nager ; ensuite, il est probable que les Prussiens, ayant eu vent de quelque chose, surveillaient attentivement les abords de l'île.

Mais notre zouave était homme d'imagination. Déterrer une futaille vide, la boucher hermétiquement, y fixer une corde et la mettre à l'eau, fut pour lui l'affaire d'un instant. Le naufragé, non sans quelque hésitation, enfourcha la barrique; le zouave s'attacha la corde autour des reins et, fendant l'eau vigoureusement, remorqua le tout sous une grêle de balles qui fort heureusement n'atteignit personne.

Le brave garçon fut nommé caporal et cité à l'ordre de l'armée ; quant à l'émissaire du général Trochu, il court encore.

Notre grand'garde devant durer 48 heures, le capitaine B... et moi convînmes d'alterner pour le service de nuit au bord de la Seine.

Je m'installai dans la redoute, me reliant par des sentinelles volantes avec sa compagnie, dont le gros fut établi au bas du village.

En face de Colombes, sur la rive droite de la Seine, s'élève Argenteuil. On supposait que l'ennemi mettait à profit l'outillage des grandes usines qui se trouvent dans le village, pour réparer son matériel d'artillerie et même pour y construire des équipages de pont. Il nous était en conséquence recommandé de chercher à nous en assurer, non point en passant la rivière, ce que nous n'avions pas le moyen de faire, mais en nous mettant aux écoutes au bord de l'eau.

Il n'était pas besoin de tant de soins, car les Prussiens se gênaient peu. De la redoute même, nous entendions retentir les coups de marteau et la chute des madriers.

Vers minuit, notre attention fut éveillée par une décharge de mousqueterie dans la direction du pont d'Argenteuil. Voici ce qui s'était passé :

Tandis que de notre côté nous n'avions pas un seul bateau, les Prussiens avaient réuni en face de l'île de Moulin-Joli tous ceux qu'ils avaient pu saisir sur la basse Seine. Au moyen de ces bateaux, ils avaient établi une sorte de pont volant qui leur permettait de débarquer rapidement quelques pelotons d'infanterie et même de cavalerie destinés à pousser des pointes hardies pour reconnaître nos forces dans la presqu'île. C'est ainsi qu'une patrouille était tombée au milieu d'eux. Français et Prussiens se saluèrent par une décharge générale, puis chacun s'enfuit de son côté, persuadé qu'il avait affaire à un ennemi supérieur en nombre. L'incident n'eut pas d'autre suite.

La même nuit, des uhlans avaient débarqué du côté de Gennevilliers. Ils vinrent passer près d'un de nos petits postes, qui leur envoya quelques balles. S'éloignant à fond de train, ils s'arrêtent au bord de l'eau, font entendre plusieurs coups de sifflet et disparaissent avant que nous ayons pu les rejoindre. On le voit, dans les plus petites opérations de la guerre, l'ennemi déployait une audace et une habileté que nous étions loin d'atteindre. Il eût été facile pourtant de lui infliger une bonne leçon et de mettre un terme à ses incursions sur nos domaines. Il suffisait pour cela — comme les Allemands le faisaient de leur côté — d'établir tout le long de la Seine une série de petits postes reliés entre eux par des sentinelles et soutenus en arrière par des réserves. De la sorte, toute tentative de débarquement était immédiatement éventée et exposait l'assaillant à un échec certain.

Avec deux cents hommes pour garder une ligne

qui n'avait pas moins de cinq kilomètres d'étendue sur trois de profondeur, c'est nous, au contraire, qui risquions de nous faire enlever nos patrouilles et nos postes.

Ce n'est pas, cependant, que le monde manquât. La garde nationale était pleine de bonne volonté. Si l'on eût organisé plutôt ses bataillons de marche et si, au lieu de les laisser se morfondre dans Paris, on les eût appelés aux avants-postes, ils s'y seraient promptement formés et nous auraient rendu d'immenses services.

Pour eux, la presqu'île de Gennevilliers eût été une école pratique excellente. Couverts par la Seine sur leur front et sur leur flanc droit, appuyés par l'artillerie du Mont-Valérien et les batteries de Courbevoie, ils pouvaient, sans inconvénient d'aucun genre, être mis en première ligne de ce côté. Il fallait simplement les y appeler en nombre assez considérable pour ne pas leur rendre le service trop pénible.

Les postes prussiens, avec lesquels ils auraient pu tout à leur aise échanger des balles d'une rive à l'autre, leur auraient fourni des cibles naturelles. Sans doute, on aurait gaspillé beaucoup de poudre, mais on se serait habitué au feu, et cela valait certainement mieux que les stations à la cantine ou les interminables parties de piquet de l'inutile garde des bastions.

Isolés de Paris, cantonnés ou campés, astreints à un service sérieux et régulier, soumis à une discipline sévère que le voisinage de l'ennemi eût facilement fait accepter, les gardes nationaux auraient promptement acquis l'expérience et le *faire* du métier des armes.

Tout cela était simple, naturel, pratique ; — donc cela ne devait pas être fait.

Dans mon rapport des vingt-quatre heures, j'avais signalé l'activité des Prussiens travaillant la nuit dans deux usines attenant à Argenteuil, et situées sur le bord même de l'eau.

A midi, nous vîmes arriver trois batteries d'artillerie, une batterie de mitrailleuses et trois à quatre mille hommes d'infanterie ; le tout commandé par le général Ducrot en personne. On venait brûler les usines.

Un officier d'artillerie précédait cette colonne et s'aboucha avec nous. Comme, la veille, nous avions soigneusement étudié le terrain, nous pûmes lui indiquer les emplacements les plus favorables pour les batteries, tout en nous étonnant un peu qu'on ne lui eût point fourni à l'état-major les instructions qu'il venait nous demander à nous, profanes.

Outre les usines que trahissaient suffisamment leurs hautes cheminées, nous lui fîmes voir plusieurs maisons isolées servant de refuge et d'abri aux grand'gardes prussiennes. Avec une lunette, on distinguait parfaitement les sentinelles placées en avant et cachées jusqu'à mi-corps dans des trous creusés en terre.

Bientôt une longue ligne de tirailleurs, quittant la crête que couronne Colombes, descendit vers la levée, tandis que l'artillerie se mettait en batterie.

Plusieurs pièces rapidement amenées par les Prussiens sur les flancs du coteau d'Orgemont nous envoyèrent quelques obus. Mais la partie n'étant pas égale pour elles, elles disparurent aussi promptement qu'elles étaient venues.

Notre artillerie put dès lors faire converger son feu sur les usines, tandis que les grosses pièces de marine du pont du chemin de fer fouillaient de leurs projectiles les pentes de Sannois.

Après une canonnade de deux heures, une des usines était en flammes, l'autre restait à peu près intacte. On peut le dire, on avait fait plus de bruit que de besogne. On avait respecté les postes prussiens alors qu'il eût été si facile de leur faire éprouver des pertes sérieuses, et que, de notre côté, nous n'avions absolument rien à craindre.

Les tirailleurs, qui n'avaient pas eu l'occasion de brûler une cartouche — les Allemands ayant soigneusement caché leur infanterie — rallièrent leurs corps, et la colonne s'en fut comme elle était venue.

Le général B****, spécialement chargé de la

défense de la presqu'île, me fit appeler pour me désigner mon poste de nuit. C'était une petite lunette en partie taillée dans la levée en face de la pointe sud-ouest de l'île de Moulin-Joli. La veille, c'était le pont d'Argenteuil qu'on nous avait particulièrement recommandé de surveiller. Savait-on bien ce que l'on voulait, à l'état-major ?

— Vous vous enfermerez dans cette lunette, me dit le général, et vous en obstruerez la gorge avec tous les matériaux, poutres et planches que vous y trouverez.

Le malheur est qu'il n'y avait pas le moindre fétu de paille dans ladite lunette, ce dont le général ne se doutait pas ; — pas plus qu'il ne connaissait bien exactement la position topographique de l'ouvrage dont il me confiait la défense. Mais, j'y reviens, oncques ne vis, de notre côté du moins, un général faire la visite des avant-postes, et cependant le règlement est formel à cet égard.

A la nuit tombante, je filai à travers champs avec ma compagnie, tandis que le capitaine B... entrait à son tour dans la redoute. De même que la veille, nous étions convenus de rester constamment en rapport, afin d'éviter tout accident. Je ne saurais trop le répéter : garder un seul point d'une ligne qui a plusieurs kilomètres d'étendue ne sert de rien, si ce n'est à exposer la grand'garde à être surprise et enlevée.

La nuit était noire. On n'y voyait pas à deux pas, et une pluie fine et pénétrante, dont nous n'avions aucun moyen de nous préserver, nous glaçait jusqu'à la moelle des os. Dans cette obscurité profonde, les patrouilles étaient difficiles, et les chutes rendues fréquentes par la terre détrempée. Aussi, quand, vers une heure du matin, le ciel se dégagea, et la lune, se levant derrière nous, inonda de clarté le terrain environnant, ce fut pour nous un grand soulagement. Tout, d'ailleurs, semblait désert et silencieux. Les Prussiens étaient là cependant. Et ils veillaient bien, comme ils ne tardèrent pas à nous le prouver.

La lunette, paraît-il, était destinée à recevoir une pièce de canon, car une embrasure s'ouvrait sur sa face gauche, embrasure qu'on avait négligé de masquer. La lune, encore basse à l'horizon, l'éclairait en plein. Sur ce fond lumineux, la silhouette des zouaves qui allaient et venaient dans l'intérieur de l'ouvrage se dessinait très-nettement. Quelques balles parfaitement dirigées enfilèrent l'embrasure, nous signalant la vigilance de l'ennemi.

Une couverture de campement fut aussitôt appliquée contre l'ouverture, qui trahissait si bien notre présence, de complicité avec la lune. Dès lors cessa ce jeu d'ombres chinoises, auquel les Prussiens semblaient se complaire, et la nuit s'acheva sans autre incident.

Nous devions être relevés avant le jour. Il était doublement prudent d'en agir ainsi : d'abord pour laisser ignorer aux Prussiens la force numérique de notre poste, ensuite pour éviter de nous faire blesser inutilement du monde. Mais il était dit que nous ne saurions rien faire à propos.

A sept heures seulement, c'est-à-dire alors qu'il faisait déjà grand jour, nous vîmes apparaître la compagnie qui devait nous remplacer. L'officier qui la commandait éparpilla fort intelligemment son monde pour ne pas présenter aux Prussiens une cible trop facile à atteindre. Il nous rejoignit sans accident. C'était à notre tour d'effectuer la traversée d'une zone de 5 à 600 mètres, où l'on était complétement à découvert. En nous en allant, nous tournions naturellement le dos aux Prussiens, et il paraissait difficile qu'ils résistâssent à la tentation de saluer notre départ d'une décharge générale.

Je priai, en tous cas, mon collègue de faire garnir la levée de quelques bons tireurs, afin d'inquiéter un peu l'ennemi, puis je me mis en route après avoir déployé ma compagnie en tirailleurs.

Les zouaves, qui flairaient le danger, couraient comme des lièvres dans les terres labourées.

Etonné de ne pas entendre une seule balle siffler à nos oreilles, je me retournai pour voir ce qui se passait. La mansuétude des Prussiens me fut bientôt expliquée. Comme c'était la première fois que nos avant-postes s'installaient au bord de la Seine, ils avaient pris la douce habitude de relever eux-mêmes leurs grand'gardes au jour sans nul souci d'un ennemi qui, jusqu'alors, ne les avait jamais inquiétés de ce côté. Et au moment même où ma compagnie allait rejoindre ses cantonnements, un de leurs détachements suivait tranquillement la grande route, sous nos yeux, à portée de nos chassepots, ne se doutant nullement qu'il courait quelque danger.

Les zouaves embusqués le long de la levée se dispensèrent de tirer, afin de ne point appeler l'attention de l'ennemi sur nous ; suivant un raisonnement identique, les sentinelles prussiennes se tinrent coi. Ce fut comme un armistice tacite entre les deux camps. Il fut de courte durée d'ailleurs, car, à dater de ce jour, ce fut un échange perpétuel de balles entre les avant-postes d'une rive à l'autre de la Seine.

Fidèles à leurs habitudes de prudence, les Prussiens ne se firent plus voir ; j'aime à croire que, de notre côté, on prit également les précautions que le bon sens indiquait.

Combat du 21 octobre.

A quelques jours de là, nous étions à déjeuner, quand on vint nous dire que le régiment prendrait les armes à onze heures et demie.

Une reconnaissance offensive allait être dirigée sur la Malmaison, notre droite appuyée à la Seine, notre gauche faisant une démonstration sur Montretout. L'objectif était une barricade armée de deux pièces de canon et barrant la route de Rueil à Bougival. Il s'agissait d'enlever la barricade et de ramener les deux canons.

A deux heures, tout le monde était à son poste de combat.

Nous avions traversé Nanterre, et, précédés des francs-tireurs de la Seine, qui délogèrent les Prussiens embusqués dans les dernières maisons du village de Rueil, nous vînmes nous masser derrière la gare.

A notre droite, la compagnie franche des zouaves (1) s'était déployée sur la levée du chemin de fer de Saint-Germain.

En avant de nous et un peu sur notre gauche, la colonne d'attaque du centre se formait à l'abri du village de Rueil. Elle se composait du 136e de marche, de deux bataillons de mobiles et du 3e bataillon de zouaves.

Les deux autres bataillons servaient d'appui à deux batteries établies à leur droite et à leur gauche.

Sur les derniers contreforts du mont Valérien, au-dessous du moulin des Gibets, plusieurs batteries de campagne prenaient position, tandis que l'infanterie, destinée à opérer la fausse attaque de gauche, disparaissait dans le fond de Fouilleuse.

A deux heures et demie, le mont Valérien s'enveloppe d'un nuage de fumée. Il a fait feu de toutes ses pièces ; c'est le signal convenu pour commencer l'attaque. Nos batteries de campagne ouvrent immédiatement leur feu.

A peine la première pièce a-t-elle tiré, qu'un obus vient tomber à quelques mètres des servants. Vraiment, nous ne pouvions nous empêcher d'admirer avec quelle promptitude les Prussiens amenaient leur artillerie en ligne, avec quelle précision arrivaient leurs premiers coups.

Comme à Châtillon, notre position nous exposait à recevoir les éclaboussures des projectiles destinés aux batteries que nous gardions — avec cette différence pourtant que notre front était couvert par les bâtiments de la gare.

Aux premiers obus, quelques zouaves *saluèrent* encore. Mais cette fois, vigoureusement encadrés,

(1) Chaque régiment de l'armée de Paris avait organisé une compagnie franche destinée à un service spécial d'éclaireurs, et composée de volontaires que l'on réunissait lorsqu'il s'agissait de quelque coup de main exigeant seulement un petit nombre d'hommes déterminés. L'autorité militaire fit rarement appel à leur bonne volonté, et la plupart du temps ces hommes rentraient dans le rang pour combattre.

bien tenus en main par leurs officiers, ils reprirent bientôt contenance et, par leur attitude, nous donnèrent à comprendre que nous pouvions compter sur eux.

Pendant une demi-heure environ, la seule batterie que l'ennemie eut montrée de notre côté, fit rage autour de nous. Mais écrasée par le nombre, — plus de vingt pièces l'accablaient de projectiles — elle dut se retirer sous bois.

Notre artillerie en profita pour se porter en avant, couverte par les tirailleurs de la compagnie franche et escortée par ma compagnie, désignée pour lui servir de soutien.

Notre infanterie, en ce moment, s'engageait sur les pentes semées de vignes et de bouquets de bois que domine le château de la Jonchère. Sous les rayons du soleil couchant, les armes étincelaient; elles marquaient comme autant de points lumineux les tirailleurs français et prussiens tantôt s'éloignant, tantôt se rapprochant les uns des autres.

Nous distinguions également une masse sombre en mouvement sur la droite des combattants. C'était une colonne prussienne qui descendait sur Bougival et cherchait à nous tourner. Si notre artillerie l'eût aperçue, elle aurait pu exercer de cruels ravages dans ses rangs et modifier peut-être l'issue du combat.

Malheureusement, elle se bornait à tirer à toute volée sur la lisière des bois, où l'on supposait les réserves prussiennes massées. Presque tous nos obus éclataient en l'air, et leur effet dut être à peu près nul.

Quant à l'ennemi, il avait éparpillé ses pièces sous bois. Il les déplaçait à chaque instant, et leur présence ne se révélait que par un nuage léger flottant quelques instants à la cime des arbres et bientôt emporté par le vent. Si ses coups étaient rares, ils arrivaient toujours à propos, tandis que pour notre part nous gaspillions inutilement force munitions.

A la distance où nous étions du véritable champ de bataille, nous nous croyions parfaitement à l'abri. Pourtant, un éclat d'obus vint tomber au milieu de la compagnie couchée dans un petit fossé, et frappa un zouave au flanc droit. Le pauvre garçon est mort des suites de cette blessure.

Devant nous, la fusillade crépitait sans intermittence, mais il ne nous paraissait pas qu'un avantage décisif se dessinât d'aucun côté. Bientôt les mitrailleuses se mirent de la partie, et leur sinistre grincement se fit entendre au-dessus de la Malmaison. Une de nos batteries s'était également portée en avant dans la même direction. Nous touchions évidemment à l'instant suprême de la lutte, à celui qui décide du sort d'une journée.

Hélas ! en voyant battre en retraite quelques bataillons abrités derrière les murs du parc de la Malmaison, nous devions penser que la victoire ne s'était pas prononcée en notre faveur.

Nous aussi, nous reçûmes l'ordre de nous retirer par échelons pour revenir à nos positions premières. Une demi-heure après, la nuit tombant, nous reprenions le chemin de nos cantonnements.

Que s'était-il donc passé ? — Nos camarades du 3e bataillon nous l'apprirent le soir même.

Sans but déterminé, sans indications précises, deux compagnies de zouaves avaient été lancées sur la route de Bougival. Laissant le reste de son bataillon à l'abri derrière un mur, le commandant J... s'était mis à leur tête.

Trouvant la route obstruée par un inextricable fouillis d'abattis, il s'était jeté à gauche dans le parc de la Malmaison. Un poste prussien établi dans un chalet avait été cerné et fait prisonnier. Poursuivant leur marche un peu au hasard, les deux compagnies avaient enfin trouvé la brèche par laquelle les Prussiens pénétraient dans le parc et, bravement, s'étaient portées en avant, se croyant appuyées — comme cela avait été convenu — par les mobiles de Seine-et-Marne. Mais leur mouvement n'avait point été suivi ; fusillées de front et de flanc par un ennemi dix fois supérieur en nombre, elle ne tardèrent pas à se trouver dans la situation la plus critique.

Elles tinrent bon cependant tandis que l'adjudant-major, repassant par la brèche sous une grêle de balles, allait chercher du renfort.

Celui-ci, non sans peine, trouva le général qui commandait l'attaque et lui exposa la situation.

Ordre fut donné aux mobiles de se porter en avant pour appuyer le mouvement des zouaves ; ils le firent avec beaucoup de mollesse et d'hésitation. De là, l'adjudant-major courut chercher les compagnies de zouaves laissées en réserve.

Mais tout cela avait demandé du temps. Quand il rentra dans le parc, ce fut pour recueillir les débris des deux compagnies engagées seules depuis plus d'une heure. Le commandant J..., mortellement blessé, avait été fait prisonnier. Des deux capitaines, l'un était tué, l'autre grièvement blessé ; les deux tiers de l'effectif et des cadres étaient hors de combat.

En même temps, l'artillerie qui s'était portée à la hauteur de la Malmaison se trouvait brusquement assaillie et promptement débordée. Insuffisamment soutenue par l'infanterie, elle vit en quelques instants ses servants et ses attelages décimés par le feu de l'ennemi, et dut se retirer au galop en abandonnant deux pièces

Et tout cela se passait non-seulement à portée de canon du Mont-Valérien, mais encore sous le feu de dix batteries de campagne qui avaient à peu près réduit l'artillerie ennemie au silence !

Mais tandis que nous lançions notre infanterie par petits paquets, les Prussiens mettaient de suite en ligne quatre régiments. Cette supériorité numérique à laquelle l'ennemi avait dû si souvent la victoire, il nous était cependant possible ce jour-là de la prendre. Il nous suffisait pour cela d'engager de suite toute l'infanterie que nous avions sous la main, c'est-à-dire environ dix mille hommes, puis d'appeler des réserves tenues à bonne distance du champ de bataille.

Notre brusque attaque avait surpris l'ennemi et l'alarme avait été vive à Versailles. Un succès pour nous était possible, facile même. Sans pousser à fond notre mouvement — l'heure n'était pas venue — nous pouvions, en jetant vingt mille hommes bien dirigés et appuyés par une forte artillerie, sur les quatre régiments prussiens, leur infliger des pertes sérieuses.

Au lieu de cela, nous avions laissé massacrer deux compagnies, nous avions perdu deux canons ! ! !

L'exaspération était grande chez nous. Les quelques zouaves engagés dans cette affaire s'étaient admirablement battus — leurs pertes le prouvaient assez ; — on les avait inutilement sacrifiés. Jamais, il est vrai, opération n'avait été plus mal conduite ; et pourtant elle avait été préparée à loisir. Mais les généraux ne se trouvaient pas où ils devaient être. Ne voyant rien du combat, ils n'avaient pas su lancer leurs réserves à propos. Tout avait été livré au hasard.

Quant au général Ducrot qui se tenait de sa personne au moulin des Gibets, son incurie, en cette circonstance, est inexplicable et injustifiable.

Cela n'empêcha pas le *Journal officiel* de célébrer pompeusement le lendemain le *brillant* (!) engagement de la Malmaison. Et le rapport du chef d'état-major du gouverneur se terminait par cette phrase que les Parisiens n'oublieront pas, car elle devait passer à l'état de cliché :

« *Les troupes se sont repliées en bon ordre.* »

Charlebourg.

Il entrait, paraît-il, dans les intentions du gouverneur de transformer en une vaste place d'armes cette presqu'île de Gennevilliers où nous osions à peine nous aventurer aux premiers jours du siége. Peut-être ce projet se rattachait-il à ce fameux plan dont il a été parlé plus tard, et que personne alors ne soupçonnait.

Toujours est-il qu'ordre fut donné de détruire la presque totalité des barricades par nous édifiées à Courbevoie. Il est certain qu'elles gênaient singulièrement la circulation, et que nous avions inutilement perdu notre temps et notre peine dès que la ligne de défense devait être portée en avant.

Les travaux furent activement poussés. Outre ceux que j'ai déjà mentionnés, une redoute avait été élevée à cinq cents mètres environ de la Seine en face de Bezons.

Une autre, destinée à recevoir de la grosse artillerie, était en voie de construction en avant de l'auberge de Charlebourg, au point d'intersection de la route de Bezons et du chemin de fer de Saint-Germain.

Les bataillons de notre brigade venaient tour à tour y passer vingt-quatre heures, et fournissaient les détachements chargés de la garde des redoutes de Colombes et de Bezons.

Sur la gauche de Charlebourg, à 1,500 mètres environ, s'élevait l'usine de la Folie. Le 2e bataillon de zouaves y fut envoyé tout entier à poste fixe. Il avait pour mission de fortifier ce point, de garder toute la plaine de Nanterre et de surveiller le pont du chemin de fer de Rouen sur la Seine. Un vaste enclos attenant à l'usine, protégé par de larges excavations provenant de carrières abandonnées et par la profonde tranchée du chemin de fer, fut transformé en batterie armée de pièces de marine et de siége. Les murs de l'usine furent crénelés, et les accidents du terrain très tourmenté au milieu duquel elle s'élevait parfaitement mis à profit pour la défense.

Outre les carrières à ciel ouvert dont j'ai parlé, d'immenses souterrains s'étendaient en tous sens sous l'usine et pouvaient servir, soit de casemates en cas de bombardement, soit de magasins de vivres et de munitions. Le plan en fut dressé et envoyé à l'état-major du général Ducrot.

Lorsque le gros de ces travaux fut achevé, on nous chargea de garder la redoute de Bezons. Une compagnie y était détachée chaque jour.

De cette redoute, la plus rapprochée de l'ennemi, on pouvait facilement surveiller les avant postes prussiens. J'y trouvai plus d'une matière à réflexion. Autant nous sommes bruyants, fanfarons, imprudents, autant les Allemands sont calmes, sérieux, prudents. Rien ne leur échappe, aucune précaution ne leur paraît inutile.

En face de nous, une maison hermétiquement close servait d'abri à l'une de leurs grand'gardes, mais rien ne trahissait leur présence : pas de feu, pas de lumière, pas de mouvement. Leurs sentinelles, pour gagner les trous où elles venaient se terrer au bord de l'eau, glissaient comme des ombres, nous laissant à peine le temps de les distinguer. Cependant nous leur envoyâmes quelques balles. Dès le lendemain, une sorte de tranchée faite de tonneaux, de planches, de portes ou de volets, leur permettait de cheminer à l'abri de nos regards.

Un peu à notre droite, une autre maison s'avançait jusqu'au bord de l'eau. Elle paraissait déserte. Portes et fenêtres restaient constamment fermées. Seule, une fenêtre du premier étage avait ses volets à demi entr'ouverts. Nous l'examinions avec une lunette, quand un léger nuage de fumée en sortit. Une balle venait en même temps fouetter la terre près de nous.

Nous ne pûmes nous empêcher de rire de cette façon de faire la guerre. Nous nous représentions notre excellent ennemi gravement assis devant sa fenêtre entr'ouverte, dans quelque fauteuil *emprunté* au salon voisin, fumant silencieusement sa longue pipe tout en guettant sa proie dans l'ombre, comme un chasseur à l'affût, et sortant de sa rêverie pour envoyer une balle au gibier qui passait à sa portée.

Le gibier c'était nous.

Voir sans être vus, ne jamais exposer leurs soldats à des fatigues ou à des dangers inutiles, voilà les sages principes que les Prussiens savaient admirablement mettre en pratique. Au lieu d'en rire, nous aurions mieux fait de les imiter.

Le 31 octobre.

Le 31 octobre, vers onze heures du soir, je visitais un petit poste en avant de l'usine de la Folie. Un cavalier s'avançait au galop dans notre direction au moment où j'allais rentrer. J'attendis. Après s'être fait reconnaître, il me dit à voix basse : « J'apporte l'ordre au bataillon de marcher immédiatement sur Paris, il paraît qu'une insurrection vient d'éclater. » — Je demeurai atterré.

La chose devait être grave, car, sur toute la ligne, les avants-postes furent abandonnés. Des Prussiens, on ne s'en occupait pas plus que s'ils eussent été à cent lieues de nous.

A minuit, nous étions avec armes et bagages sur la grande route de Courbevoie, déjà encombrée de bataillons de mobiles et de régiments de ligne comme nous rappelés à Paris. Arrivés à la barricade du chemin de fer, on nous arrêta. Le contre-ordre venait d'arriver ; on n'avait plus besoin de nous et l'on nous renvoyait reprendre nos positions.

Ce fut pour nous un immense soulagement. Notre mauvaise humeur d'avoir été inutilement dérangés au milieu de la nuit ne tint pas devant la joie que nous causait d'autre part cette idée que, si nous devions nous battre, ce serait seulement contre les Prussiens. C'est toujours une triste chose que la guerre civile ; mais pour le soldat condamné à verser le sang de ses concitoyens, esclave d'une consigne, instrument aveugle de ses chefs, elle revêt un caractère plus horrible encore.

Nous étions partis sombres, agités, inquiets, nous revenions allègres et le cœur content. Nous ignorions ce qui s'était passé ; nous savions seulement que l'ordre était rétabli dans Paris ; cela nous suffisait pour le moment.

Mon tour de garde à la redoute de Bezons venant le 1er novembre au matin, je le devançai de quelques heures et me séparai du bataillon pour me rendre à mon poste avec ma compagnie.

Chemin faisant, je songeai que les Prussiens, toujours si bien informés de nos faits et gestes, auraient parfaitement pu profiter de notre absence pour s'installer dans les redoutes à nos lieu et place. C'eût été original. La Seine, il est vrai, nous séparait d'eux, mais je savais par expérience qu'ils avaient les moyens de la passer.

En tous cas, il me parut sage de prendre quelques

précautions afin de ne pas aller donner tête baissée dans le panneau, si panneau il y avait. Je recommandai le silence à mes zouaves et je fis éclairer le terrain par une dizaine d'hommes intelligents. Tout était dans l'ordre habituel. Les barrières qui fermaient la gorge de la redoute étaient ouvertes et j'y entrai sans avoir fait aucune rencontre fâcheuse. Après avoir installé mon monde, je fus un instant me mettre aux écoutes au bord de la Seine. La nuit était très-obscure : on ne voyait rien, on n'entendait rien.

Le jour venu, ma plus grande préoccupation fut, je l'avoue, de me procurer des journaux afin de savoir ce qui avait motivé notre départ précipité de la veille. J'en reçus quelques-uns vers cinq heures du soir. Ah ! l'explosion de colère des Parisiens me fut bien vite expliquée : Metz avait capitulé ; le Bourget avait été repris sur nous par les Prussiens.

Sans doute le gouverneur de Paris n'était en rien responsable de la capitulation de Metz, mais il avait commis, de concert avec les autres membres du gouvernement, une faute grave en refusant de divulguer, dès qu'elle lui était parvenue, une nouvelle qu'il tenait de source certaine. Un démenti formel avait même été opposé au journal qui le premier en avait parlé. Pourquoi? Dans quel but? Ne fallait-il pas toujours que la triste vérité fût connue? A quoi bon dès lors ruser avec l'opinion trop disposée déjà à voir des trahisons partout?

Quant à la reprise du Bourget, c'était une autre affaire. Ce village enlevé aux Prussiens par un heureux coup de main d'une compagnie de francs-tireurs, menaçait trop directement la ligne d'investissement de l'ennemi en avant de Saint-Denis, pour ne pas être exposé à un vigoureux retour offensif.

Par conséquent, il n'y avait que deux partis à prendre : ou le Bourget était inutile à la défense, comme le prétendit le gouverneur dans la pitoyable justification qu'il entreprit, — et, alors, il fallait l'évacuer immédiatement ; ou, ainsi que l'événement l'a démontré, il nous fournissait un appui important pour des opérations ultérieures — et alors on devait l'occuper solidement, y amener de l'infanterie et du canon, et s'y fortifier.

Comme toujours, on ne sut rien faire à propos. Le gouverneur n'envoya pas au général de Bellemare les renforts que celui-ci lui demandait; il ne lui donna pas davantage l'ordre d'abandonner la position. Alors arriva ce qu'il était si facile de prévoir. Les Prussiens revinrent en force. Les francs-tireurs et le bataillon de mobiles de la Seine, qui gardaient le Bourget, furent écrasés. Vingt-quatre pièces de canon les couvraient d'obus et ils n'avaient pour répondre que deux mitrailleuses mal approvisionnées. Ils étaient trois mille, les Prussiens trente mille.

Je prie le lecteur de remarquer que je ne fais pas ici de l'histoire rétrospective; je ne viens pas critiquer après coup, mais je raconte les faits au jour le jour, et lui livre mes impressions telles que je les ressentais alors.

On a prétendu que l'émeute du 31 octobre ne fut qu'une première tentative avortée de la démagogie et le prélude de la révolution du 18 mars. On a ajouté que la reddition de Metz et la perte du Bourget n'étaient que le prétexte et non le motif réel d'une prise d'armes injustifiable mais préméditée de longue main. C'est possible. Je ne veux point entrer ici dans de longues considérations; j'accorde sans peine qu'une guerre civile en face de l'ennemi devenait la plus criminelle des entreprises; mais il faut bien reconnaître que le prétexte, puisque prétexte il y avait, était fourni par M. le général Trochu et ses collaborateurs.

Depuis un mois je n'avais pas mis le pied à Paris; j'étais fort ignorant de l'état de l'opinion; je n'avais qu'une pensée et qu'un désir : battre les Prussiens; eh bien! à la lecture des journaux et des rapports officiels, je ne pus contenir mon indignation, et mon irritation était partagée par tous mes camarades sans distinction d'opinion.

Après Châtillon, après la Malmaison, l'affaire du Bourget était le coup de grâce. Il devenait évident que la direction des opérations militaires était confiée à des mains incapables ; comme Français, comme soldats, la résignation nous était impossible.

Puis le bruit courait que des pourpalers étaient engagés avec les Prussiens pour la conclusion d'un armistice. — Un armistice ! pourquoi ? pour discuter les préliminaires d'un traité, pour poser les conditions de la paix ; il ne pouvait avoir d'autre résultat. Or, les quatre cent mille combattants renfermés dans Paris n'avaient encore rien tenté de sérieux ; ils s'étaient déclarés prêts à tous les sacrifices ; soutenu ou plutôt porté par l'opinion, le gouvernement avait hautement, publiquement, fièrement affirmé sa résolution de poursuivre la lutte jusqu'à ses dernières limites. On ne devait céder « *ni un pouce de notre territoire, ni une pierre de nos forteresses.* » Pouvait-on manquer à ces engagements au point de songer à la paix avant d'avoir au moins sauvé l'honneur par un suprême effort, avant d'avoir éprouvé la valeur des forces immenses que renfermait Paris ? — Non ! Et nous autres officiers de l'armée régulière, qui avions tant de bonnes raisons pour nourrir moins d'illusions que la population de Paris, nous ne pouvions l'admettre.

Il est vrai que le général Trochu s'empressa de démentir tous les bruits relatifs à l'armistice ; mais on a su depuis ce que valait ce démenti.

En deux occasions graves, le gouverneur de Paris avait manqué de sincérité ; dans l'affaire du Bourget, il avait dépassé toutes les limites du permis et du possible en fait d'imprévoyance et d'incapacité.

Donc, et en dehors de toute préoccupation politique, si nous déplorions le mouvement insurrectionnel du 31 octobre, nous ne pouvions nous empêcher d'admettre en sa faveur toutes les circonstances atténuantes.

A la suite de cette échauffourée, le gouvernement de la défense nationale crut devoir raffermir son crédit ébranlé par un appel au peuple... et à l'armée, — car l'armée vota. A notre grand étonnement, il ne craignit pas de nous renfermer tous dans le brutal dilemme d'une formule plébiscitaire : c'était un peut tôt recommencer les procédés de l'empire. Son succès, d'ailleurs, était certain, car personne évidemment ne pouvait songer à le remplacer pour le moment. C'eût été, en dehors de toute autre considération, une grave imprudence au point de vue de la province qu'il ne fallait ni effrayer ni décourager.

Mais nos zouaves qui ne se piquaient pas d'être de profonds politiques, répondirent fort nettement : *Non!* à la question qui leur était posée. A l'un d'eux que je pouvais interroger sans indiscrétion, je demandai le soir même dans quel sens il avait voté.

— J'ai voté *non*, mon capitaine.

— Pourquoi?

— *Parce que des généraux comme ceux que nous avons, y n'en faut plus!* (Textuel).

C'était suffisamment clair. Les zouaves ne pouvaient pardonner au général Ducrot d'avoir inutilement et sottement laissé décimer leurs camarades à la Malmaison. Pour eux, général en chef et gouvernement c'était tout un. Le gouvernement leur demandant de confirmer ses pouvoirs, ils s'y refusaient. Il n'y avait rien à dire à cela, et je me tus.

Quant aux officiers, ils s'abstinrent pour la plupart. Beaucoup d'entre eux, et j'étais du nombre, résumaient ainsi la situation : Renverser le gouvernement serait à l'heure actuelle une coupable folie, mais il serait non moins imprudent de lui permettre de persévérer dans ses errements.

La question est double : l'une purement politique, l'autre exclusivement militaire. — Faut-il procéder à des élections municipales? Faut-il mettre en accusation les généraux qui se sont laissé battre? Sur le premier point, les opinions variaient, et plusieurs se déclarèrent incompétents ; sur le second, nous nous prononcions résolûment pour l'affirmative.

Dans la marine, tout commandant qui perd son vaisseau passe devant un conseil de guerre. La chose en elle-même n'a rien de déshonorant. Lorsque l'officier a prouvé avoir fait tout ce qu'il était humainement possible de faire pour sauver son navire, non-seulement le conseil l'absout, mais encore il lui décerne des éloges le plus souvent suivis d'un avancement justement mérité. Pourquoi n'en serait-il pas de même chez nous? La perte d'un bataillon, d'un régiment compte-t-elle donc moins pour la France, vaut-elle moins aux yeux de l'Etat que la perte d'un vaisseau? Si nos généraux sentaient peser sur eux le poids d'une responsabilité effective et sérieuse, ils apporteraient sans doute plus de maturité dans la préparation de leurs plans, plus de vigilance et d'activité dans la surveillance des opérations qui leur sont confiées. L'immunité qui couvre leurs défaillances et leurs fautes n'a pas de raison d'être ; elle constitue un péril permanent et pour l'armée et pour les intérêts que cette armée a mission de sauvegarder.

Tels sont, fidèlement résumés, les incidents et commentaires que la journée du 31 octobre amena chez nous.

Quant au gouvernement, provisoirement consolidé par un plébiscite qui lui ralliait l'immense majorité des suffrages, il donna une demi satisfaction à la population parisienne en lui permettant de procéder à l'élection de ses maires et de ses adjoints. Au nombre des élus figuraient les hommes qui avaient le plus vivement critiqué la mollesse et l'indécision du général Trochu. C'était pour lui un avertissement; — malheureusement il n'en profita guère.

Le mot du zouave que j'ai cité plus haut me remet en mémoire un incident qui, fort insignifiant en apparence, mérite d'être rapporté. Dans les premiers jours de novembre, le général Trochu vint visiter les travaux que nous avions faits aux environs de l'usine de la *Folie*, et particulièrement l'enclos transformé en batterie. Il était accompagné de plusieurs généraux d'artillerie et du génie. Nous suivions à une distance respectueuse.

Arrivés dans la batterie, une discussion s'engage sur le modèle de plates-formes qu'il convenait le mieux d'adopter. Pendant une heure, — il y a des Byzantins partout, — on disputa sur le mérite de tel ou tel système.

Le g énéral Trochu, muet jusqu'alors, mit les partie

d'accord par ce jugement digne de Salomon : « Eh bien ! messieurs, vous ferez établir la moitié des plates-formes d'après le système prussien, l'autre moitié d'après le système français. » Les généraux s'inclinèrent gravement ; nous eûmes, nous, grand'peine à étouffer notre envie de rire.

Un général d'artillerie, celui-là même qui avait la direction supérieure des batteries de la presqu'île, s'approcha ensuite de notre commandant et lui posa les questions suivantes :

— Quel est donc ce village, en face de nous, de l'autre côté de la Seine ?

— Houilles, mon général.

— Ah ! Et cet autre là-bas à gauche ?

— Carrières-Saint-Denis, mon général.

— Ah ! Et celui-là à droite ?

— Bezons, mon général.

— Ah ! Et à quelle distance sont-ils de nous ?

— Mon général, Houilles est à 3,000 mètres ; Carrières-Saint-Denis, à 2,600, et Bezons, à 2,000.

— Ah !

Il dit merci et s'éloigna.

Un général d'artillerie poser de semblables questions ; ne pas savoir le nom des villages où sont établis les avant-postes ennemis, ignorer de quelles hausses devra se servir une batterie construite sous sa direction ! ! ! Et il avait des cartes, lui ! Nous restions confondus, et, tout bas, nous répétions le mot du zouave : « Des généraux comme ça, y n'en faut plus ! »

Derniers travaux d'organisation.

Vers cette époque s'achevait l'organisation des cadres de l'état-major général et la répartition des régiments de ligne et de gardes mobiles en brigades et divisions. Il s'en suivit un nombre assez considérable de promotions. Notre colonel fut nommé général et prit le commandement d'une brigade composée des zouaves et du 136e de marche. Le lieutenant-colonel lui succéda à la tête du régiment, et je fus moi-même appelé au commandement du 3e bataillon, en remplacement de notre brave et regretté camarade tué à la Malmaison.

Je dus quitter la *Folie* et retourner à Courbevoie où le 3e bataillon était cantonné.

Notre service n'y était pas fatigant. Nous avions deux heures d'exercice par jour; nous envoyions de temps à autre un détachement de travailleurs à la redoute qu'on élevait au moulin des Gibets au-dessous du Mont-Valérien; enfin nous détachions chaque jour une compagnie de garde au petit village de la Garenne, en avant du remblai du chemin de fer. Placée à ce point, cette garde était parfaitement inutile comme chacun pourra s'en convaincre en regardant la carte, mais je n'insisterai pas, craignant de fatiguer le lecteur par la multiplicité des critiques de détail.

Comme nous sommes arrivés à une des époques climatériques du siége, peut-être ne sera-t-il pas sans intérêt de dire quelle était alors notre nourriture.

Pour nous, le bœuf et le mouton étaient passés à l'état de mythe, mais la ration de cheval nous était très-régulièrement servie et nous nous y étions parfaitement habitués. Le pain était bon; on ne nous avait pas encore rationnés. Les volailles et la charcuterie étaient déjà hors de prix; le poulet, à nos yeux, s'était transformé en oiseau sacré, dont on ne parlait qu'avec le plus grand respect et surtout à titre de souvenir. Quant aux légumes, il ne fallait pas songer à s'en procurer à Paris; ils ne paraissaient sur le marché qu'à dose homœopatique et atteignaient des prix insensés.

Nous nous en consolions un peu, grâce aux immenses champs de pommes de terre qui forment la principale culture de la presqu'île de Gennevilliers. Nos zouaves les ..... récoltaient, et ce fut pour les *ordinaires* une précieuse ressource.

On les gaspilla même un peu et comme toujours le gouverneur envoya l'ordre de régulariser cette...

exploitation quand les champs avaient été complétement dévastés.

Somme toute, notre régime était très-tolérable, et la population de Paris, les petites bourses surtout qui ne touchaient pas les rations de campagne, devaient autrement souffrir en face de l'énorme renchérissement de toutes les denrées alimentaires.

Dans la demi inactivité de notre nouveau séjour à Courbevoie, il nous restait beaucoup de temps pour réfléchir à notre situation.

Que fait-on? Que va-t-on faire? — Tel était l'unique sujet de nos conversations.

Nous voyions bien que, du Mont-Valérien à Gennevilliers, la presqu'île se couvrait d'importants travaux et se transformait en un vaste camp retranché ; et encore constations-nous avec regret que tout était mené avec beaucoup de mollesse et de décousu. Mais il ne suffisait pas de nous défendre chez nous, le moment allait venir de passer à l'offensive, et pour cela il fallait du monde, beaucoup de monde. La garde nationale était-elle enfin prête?

De notre côté nous ne l'avions par encore vue paraître.

Qu'attendait-on pour lui faire faire un service actif?

Quelques bataillons seulement avaient été envoyés en reconnaissance dans la plaine Saint-Dénis et s'en étaient fort bien tirés.

Raison de plus pour lui attribuer un rôle important dans la défense, et pour la préparer, par de petites sorties, à l'action générale qui ne pouvait tarder.

Nous devions toucher à la seconde phase du siége. Il avait fallu d'abord compléter la défense de Paris, armer les forts, construire des ouvrages avancés, fondre des canons, fabriquer des armes et des munitions, habiller et équiper la garde mobile et la garde nationale ; organiser, exercer et instruire ces jeunes troupes, enfin les aguerrir en les mettant de temps en temps en face de l'ennemi sans les engager à fond.

C'était la période d'enfantement et de préparation. Maintenant il fallait agir et vigoureusement, inquiéter sans cesse l'ennemi, l'énerver par de continuelles alertes, l'user en détail par une série de combats où nous pouvions nous réserver l'avantage du nombre, puis enfin livrer la bataille décisive. Dans ces conditions, j'en suis convaincu, et je le déclare aujourd'hui en mon âme et conscience, le succès était certain.

Eh quoi ! dira-t-on, pouvait-on faire tant de choses en deux mois ? — Oui, si on le *voulait*. Oui, parce qu'on disposait de quatre cent mille combattants et que l'ennemi n'en a jamais eu trois cent mille autour de Paris ; oui, parce que nous étions maîtres de choisir le point d'attaque et qu'il nous était facile d'écraser sous le premier choc de 150,000 gardes nationaux et mobiles, les 30,000 hommes que l'ennemi pouvait concentrer — et il ne pouvait plus — sur le point où nous débouchions ; oui, parce que Paris offrait au gouverneur des ressources comme il ne s'en trouve dans aucune place de guerre.

Oui, encore une fois, on aurait pu, si on avait *voulu*. Et la preuve..... Ah ! je ne puis évoquer ce souvenir sans me sentir encore ému ; — la preuve, la voici :

Depuis le 19 septembre, Paris était complétement isolé du reste de la France. Toutes les tentatives pour faire franchir la ligne d'investissement à quelques courriers avaient été vaines. On avait dû recourir à l'emploi des ballons. Chacun de ces ballons emportait un panier de pigeons voyageurs, et ces doux messagers nous rapportaient les nouvelles de la province.

Le 15 novembre, un de ces pigeons arriva à Paris, porteur d'une dépêche de la délégation de Tours. Cette dépêche, publiée par le *Journal officiel* et affichée sur les murs, se résumait ainsi : « LE « GÉNÉRAL D'AURELLES DE PALADINES A REMPORTÉ « UNE GRANDE VICTOIRE A COULMIERS ; IL A REPRIS « ORLÉANS AUX PRUSSIENS. »

Ainsi, en moins de deux mois, nos arsenaux étant

vides, nos dépôts épuisés, nos officiers prisonniers en Allemagne, sans états-majors et sans cadres, ayant tout à créer, luttant tout à la fois contre l'inertie des uns et contre le mauvais vouloir des autres, étranger par profession aux choses de la guerre, Gambetta avait fait surgir une armée du sol ; il l'avait armée, équipée, il lui avait donné des chefs ; et cette armée osait aborder l'ennemi en rase campagne, et, qui plus est, elle le battait !

Ce fut chez nous une indescriptible ivresse à la réception de cette nouvelle. Nous n'osions y croire et pourtant elle était vraie.

Enfin nous comptions une victoire, la première depuis le commencement de cette guerre maudite. Et l'armée victorieuse était à vingt-cinq lieues de nous, nous tendant les bras. L'heure de la délivrance avait donc sonné ! — à une condition cependant, c'est que nous allions répondre à notre tour au vaillant effort de la province.

Pour nos généraux, d'ailleurs, qui avaient tout sous la main, qui n'étaient point obligés d'opérer ces longues et difficiles concentrations, écueil des chefs inexpérimentés, qui avaient pour base d'opération une place forte imprenable, la tâche était autrement facile qu'elle ne l'avait été pour les vainqueurs de Coulmiers.

Donc, il fallait nous tenir prêts, l'instant de la lutte suprême était venu.

Nous vivions dans une attente fiévreuse, anxieux, impatients, en voyant les jours s'écouler sans que parût l'ordre de nous porter en avant.

Les journaux que nous lisions reflétaient les mêmes sentiments d'inquiétude et d'irritation. Chaque article était une sommation plus ou moins respectueuse au gouverneur d'avoir à prendre une résolution énergique et de ne plus en différer l'exécution. A cette irrésistible pression de l'opinion, le général Trochu dut céder. Il est possible, du reste, que de son propre mouvement, il ait cru le moment venu de passer de la défensive à l'offensive.

Dans les derniers jours de novembre, ces mille

détails auxquels les gens du métier ne se trompent pas, vinrent nous révéler l'imminence de la lutte : revues sérieuses de l'armement et de l'équipement, renvoi au petit dépôt de Paris des hommes malingres et des gros bagages, prescriptions minutieuses données au rapport journalier relativement au prompt rassemblement du régiment en cas de départ imprévu, etc.

On augmenta nos effectifs en versant dans les cadres du régiment tous les zouaves de l'ex-garde impériale et les tirailleurs indigènes restés à Paris.

De six, le nombre des compagnies de chaque bataillon fut porté à sept.

Je reçus pour mon compte les tirailleurs indigènes (bien connus sous le nom de *turcos*). Il y en avait 150 environ commandés par 5 officiers, dont deux capitaines, l'un français, l'autre indigène.

Enfin, on nous donna des cartes. Mais je dois dire dans quelles conditions se fit cette distribution tardive. La grande carte de l'état-major se vend par feuilles détachées. La carte des départements de la Seine et de Seine-et-Oise, — celle qui nous était nécessaire, — comprend deux feuilles représentant l'une toute la partie ouest, l'autre toute la partie est de ces deux départements, comme si, pour la dresser, on eût coupé Paris suivant une ligne idéale nord-sud et partageant la ville en deux parties à peu près égales. On ne nous donna qu'une feuille, la feuille ouest, celle qui comprend la presqu'île de Gennevilliers que nous occupions depuis tantôt deux mois..... et que nous allions quitter ! *On nous donna la feuille* OUEST, — *et c'est dans l'*EST *que nous devions opérer le lendemain ! Ab uno disce omnes.*

S'il nous était encore resté quelques doutes, un avis du gouverneur prescrivant la fermeture de toutes les portes de Paris jusqu'à nouvel ordre les eût bientôt levés. Seulement, nous trouvions qu'il était un peu bien inutile de faire annoncer cette mesure à son de trompe, car cela devait immanquablement donner l'éveil aux Prussiens.

C'est le 28 novembre, au rapport du matin, que nous reçûmes les ordres de mouvement définitifs. On devait manger la soupe de bonne heure, puis faire les sacs aussitôt après, de manière à se mettre en marche à six heures.

Chacun des trois bataillons de zouaves se rendrait isolément à la porte Maillot, où des trains échelonnés de demi-heure en demi-heure devaient nous transporter par le chemin de fer de ceinture à la porte de Montreuil.

Dans l'après-midi de ce même jour, chaque compagnie reçut un exemplaire de la proclamation de notre général en chef, le général Ducrot. Elle se terminait par cette phrase devenue si tristement célèbre :

« *Pour moi, je ne rentrerai dans Paris que* MORT
« *ou* VICTORIEUX ; *vous pourrez me voir tomber, vous*
« *ne me verrez jamais reculer. Alors, ne vous arrêtez*
« *pas ; mais vengez-moi* ! »

Ces fières paroles ont été bien raillées depuis, et non sans raison. Mais lorsqu'il nous fut donné de les entendre pour la première fois, elle provoquèrent chez nous un véritable enthousiasme.

Tout fut oublié : Et Châtillon, et la Malmaison, et ce déplorable ensemble de négligences et de fautes qui pouvaient faire croire une trahison. Au général qui prenait publiquement le patriotique engagement de vaincre ou de mourir, chacun de nous applaudit sans réserves, de tout son cœur, et se jura à lui-même de suivre ce noble exemple.

CHAPITRE III

Batailles de Champigny, Villiers, Brie-sur-Marne.

Préliminaires.

A huit heures du soir nous montions en chemin de fer à la gare de la porte Maillot. Nous partions gais et confiants.

Nos zouaves chantaient à tue-tête. Nous, nous nous transportions par la pensée au lendemain. Déjà, bien que ne connaissant pas encore le front d'attaque, il nous semblait voir la bataille se dérouler sous nos yeux. Nos imaginations s'exaltaient en songeant à la masse énorme de combattants qui pouvait être brusquement jetée sur l'ennemi et rendre notre premier choc irrésistible. S'il n'était pas permis d'espérer de la garde nationale un effort de longue haleine, nous pouvions compter qu'elle briserait les premiers obstacles avec cet élan, avec cette furie française qu'on est toujours sûr de trouver chez de jeunes troupes enflammées par l'exemple de leurs chefs.

N'allait-elle pas combattre *pro aris et focis*, et Paris tout entier, ce Paris, objet de son orgueil et de son culte, n'était-il pas là pour l'applaudir, pour l'encourager, pour l'enivrer de ses acclamations? De la capitale du luxe et des plaisirs, devenue la cité guerrière par excellence, une immense clameur ne s'élevait-elle pas depuis un mois criant : En avant ! en avant ! Pouvait-on ne pas entendre, ne pas obéir ?

Et ces milliers de canons dont on devait faire converger le feu sur un même point, n'allaient-ils pas écraser les Allemands sous une pluie de fer et les obliger à reculer précipitamment hors de leur portée? Puis quand, selon son éternelle tactique, l'ennemi croyant avoir usé notre première ardeur, amènerait ses réserves sur le champ de bataille, alors déboucherait notre véritable armée, celle qui devrait faire la trouée, nos régiments de ligne, les meilleurs de nos bataillons de mobiles, tous frais, dispos, ardents, avec nos batteries de campagnes largement approvisionnées.

Enfin, tous les perfectionnements que ce qu'on est convenu d'appeler l'art de la guerre peut emprunter à la science moderne, nous comptions les voir mettre en œuvre : télégraphe électrique transmettant avec la rapidité de la pensée les inspirations et les ordres du général en chef sur tous les points du champ de bataille ; ballons captifs embrassant l'espace au-dessus des combattants, et nous signalant les mouvements de l'ennemi; en un mot, à cette heure solennelle qui allait peut-être décider des destinées de la France, nous pensions assister à ce spectacle merveilleux de Paris déployant tout son génie et donnant toute son âme.

Nous fûmes arrachés à ces beaux rêves par le sifflet de la locomotive. Nous arrivions à la gare de Montreuil.

Une fois descendus de wagons et les rangs formés, nous allâmes rejoindre la grande chaussée de Vincennes où nous devions retrouver nos chevaux conduits en main par nos ordonnances.

Une heure durant, on nous tint arrêtés au-dessous du fort, au milieu de la route, et pataugeant dans la boue. Nos généraux, paraît-il, ne pouvaient se décider à régler convenablement la marche des troupes qu'ils mettaient en mouvement, de manière à éviter ces longues stations debout, ces à-coup si énervants et plus fatigants qu'une longue étape.

Enfin nous partons; nous traversons le bois de Vincennes enflammé des mille feux de bivouac de l'armée qui s'y trouve concentrée presque entière, nous gravissons les rues rapides du village de Fontenay-sous-Bois, et nous débouchons sur la route stratégique qui relie entre eux tous les forts.

A chaque instant, de larges éclairs déchirent l'obscurité de la nuit. Ce sont nos grosses pièces de marine qui fouillent les positions prussiennes.

Après avoir dépassé la redoute de Fontenay, on nous forme en bataille entre cette redoute et le fort de Rosny, à quelques cent mètres en avant de la route stratégique. Le mouvement s'opère lentement, difficilement, car la nuit est sombre. Défense est faite de dresser les tentes et d'allumer aucun feu. On dormira derrière les faisceaux, on se battra à jeun : il ne faut pas donner l'éveil à l'ennemi. Il était deux heures du matin. Les officiers supérieurs doivent se rendre chez le général de Bellemare, commandant notre division, pour y être mis au courant du plan général de l'attaque.

Nous venions, dans ce but, de nous réunir au milieu de la chaussée, quand des pas de chevaux se font entendre et une voix impérieuse et cassante prononce ces mots : Allons ! faites place !

C'est le général Ducrot. Nous nous rangeons sur les bas côtés de la route. En passant près de nous, il reconnaît notre général de brigade, l'appelle et s'entretient quelques minutes à voix basse avec lui, puis poursuit son chemin.

— Hé bien ! messieurs, nous dit le général en nous rejoignant, il paraît que ce n'est pas pour demain. La Marne a grossi et nos ponts ne peuvent plus être jetés avant demain ; impossible de passer.

Il me serait difficile de peindre les sentiments confus que chacun de nous éprouva au même degré à cette étrange nouvelle. Il y avait de la défiance, de la colère et du découragement.

La Marne a grossi ! Manquait-il donc de bateaux à Paris, sur la Seine et sur la Marne pour parer à cette éventualité ? N'aurait-elle pas dû entrer dans les prévisions du général en chef, et n'était-il pas de son devoir de prendre toutes les mesures nécessaires pour ne pas être arrêté par un obstacle de cette nature ? Nous n'y pouvions rien comprendre.

Nous nous rendîmes en maugréant à la petite maison qu'occupait le général de Bellemare près du fort de Rosny.

Une carte était sur sa table, il nous montra le champ de bataille.

Je demanderai au lecteur la permission de le lui dépeindre en quelques mots.

La Marne, qui vient se jeter dans la Seine au-dessus de Paris, à Charenton, coule dans la direction générale est-ouest. Mais en arrivant en face de Nogent, elle décrit une courbe assez prononcée dans la direction du sud, puis retourne brusquement vers l'est à la hauteur de Joinville.

Plus bas, arrêté par les hauteurs de Chennevières, elle remonte vers le nord-ouest jusqu'à Charenton.

En faisant face à l'est, nous avions pour point d'appui derrière nous le fort de Nogent, la redoute de la Faisanderie et les hauteurs que couronne le bois de Vincennes ; à droite la *Boucle de la Marne* occupée par nous et garnie d'artillerie, à gauche, longeant et dominant la route de Strasbourg, le plateau d'Avron enlevé la nuit précédente aux Prussiens par l'amiral Saisset, qui y avait fait amener des pièces de marine à longue portée.

Les ponts de bateaux devaient être jetés entre Joinville et Nogent. Le passage se trouvant facilité par les feux convergents et plongeants de notre artillerie, nous ne devions rencontrer de résistance sérieuse qu'arrivés au plateau qui forme comme la base de ce triangle que nous attaquions par la pointe tournée vers nous.

Trois villages, Champigny, Villiers, Brie-sur-Marne, situés sur le flanc ou au sommet de ces hauteurs, constituaient la ligne de défense naturelle de l'ennemi et devenaient ainsi notre objectif.

A droite de la *Boucle*, se trouve un mamelon isolé connu sous le nom de hauteur de Montmesly. On devait s'en emparer, pour avoir un solide point d'appui de ce côté.

Cinq divisions opéreraient l'attaque de front, tandis que la nôtre, par un mouvement de conversion à droite, viendrait se rabattre parallèlement à la route de Strasbourg, passerait la Marne en face du plateau d'Avron, et enlèverait les crêtes qui relient Brie-sur-Marne à Noisy-le-Grand, placé à l'extrême droite et en arrière de la ligne de bataille des Allemands.

Une fois maîtres des crêtes, nous y concentrions notre artillerie et poussions en avant sous sa protection. Nous devions aller coucher à Lagny le premier jour, à Coulommiers le lendemain, pour, de là, nous rabattre au sud dans la direction de Fontainebleau, où nous espérions donner la main à l'armée de la Loire.

Tel est, esquissé à grands traits, l'ensemble des opérations auxquelles nous allions prendre part.

Quant aux instructions de détail, le général en fut très-sobre.

Du contre-ordre résultant de *l'accident* des ponts, il ne nous dit pas un mot.

Après quoi, chacun retourna à son poste, et, en attendant le jour, dormit du mieux qu'il put, à la belle étoile, sur la terre froide et nue.

Au petit-jour, nous étions tous debout. En interrogeant l'horizon du regard, nous vîmes dans la direction du sud-ouest le ciel tout panaché de ces petits flocons de fumée blanche que laisse derrière lui l'obus éclatant en l'air. On se battait du côté de l'Hay et de Choisy-le-Roi.

Comment ! le général Vinoy n'avait donc pas reçu contre-ordre ! Mais sa diversion n'avait plus de raison d'être dès que l'attaque principale était différée ! Non-seulement elle était inutile, mais elle devenait imprudente. Que signifiait ce décousu dans nos opérations ? Avait-il donc été impossible de prévenir à temps le général Vinoy ?

A cette dernière question, la réponse est simple.

Si le lecteur veut bien se le rappeler, c'est à deux heures du matin que nous avions rencontré le général Ducrot, c'est à deux heures du matin que nous avions appris le fâcheux contre-temps qui retardait la bataille de vingt-quatre heures. Admettons que le général Ducrot n'en ait été lui-même informé qu'à une heure du matin (c'est l'hypothèse la plus favorable pour lui); admettons que son quartier-général ne fût pas relié par un fil électrique à l'état-major du général Vinoy, — ce qui serait peu excusable, un officier à cheval, de une heure à cinq heures du matin, avait largement, *très-largement*, le temps de courir de Joinville à la redoute des Hautes-Bruyères (point extrême de nos positions du sud-ouest), pour donner avis au général Vinoy de rester dans ses lignes.

Pourquoi ne l'a-t-on pas fait ?

Voilà ce à quoi nous mettons au défi MM. les généraux Trochu et Ducrot de répondre d'une façon satisfaisante.

Quant à nous, on nous fit descendre vers le remblai du chemin de fer de Strasbourg, parallèlement à nos premières positions, c'est-à-dire toujours entre la redoute de Fontenay et le fort de Rosny. D'autres régiments vinrent se masser derrière nous.

On dressa les tentes ; on alluma les feux pour faire la soupe et le café, et, quand la nuit vint, les pentes du plateau, ordinairement silencieuses et sombres, étaient couvertes de feux *parfaitement visibles pour l'ennemi.*

Si les précautions de la veille n'avaient pas de raison d'être, pourquoi nous les avait-on fait prendre? S'il était prudent et utile de ne pas révéler notre présence aux Allemands, pourquoi nous faire camper en vue de l'ennemi ?

Autant de questions restées insolubles pour nous.

C'en était fait déjà de cet enthousiasme de la veille auquel nous cédions avec tant de bonheur, et la lutte suprême allait s'engager sous les plus tristes auspices.

Journée du 30 novembre.

Le 30 novembre, à cinq heures du matin, les zouaves, réveillés sans sonneries, prenaient les armes en silence.

Nous passâmes sous une voûte ménagée dans le

remblai du chemin de fer, et gagnâmes la grande route de Strasbourg par un petit chemin encombré de canons et de caissons. Partout et toujours la même confusion !

On nous arrêta au-dessous du fort de Nogent. Notre colonne avait sa droite appuyée au village du Perreux, sa gauche à la route de Strasbourg. Déjà les divisions chargées de l'attaque de front avaient heureusement passé la Marne, et la bataille était engagée.

L'air retentissait du bruit de mille détonations. C'était un fracas sans interruption. Les coups de canon se suivaient si nombreux et si pressés qu'ils laissaient à peine parvenir jusqu'à nous le crépitement sonore de la fusillade. Un immense nuage de fumée enveloppait le champ de bataille. Au-dessus de nos têtes passaient en sifflant les énormes obus des batteries de marine du plateau d'Avron et du fort de Nogent.

Quand toute l'infanterie eut été massée auprès du Perreux, deux batteries de campagnes se portèrent en avant et couvrirent de projectiles la route de Strasbourg, les pentes et le village de Noisy-le-Grand.

A ce moment, nos têtes de colonnes abordaient les crêtes.

De temps à autre un scintillement d'armes, une ligne blanche de fumée nous indiquait les positions des combattants.

Nos lunettes interrogeaient fiévreusement l'horizon ; mais nous étions trop loin pour reconnaître les uniformes, et dans les masses qui tantôt avançaient, tantôt reculaient, nous ne pouvions distinguer les Français des Allemands.

Parfois aussi, sur l'arête du plateau qui domine le village de Brie, se profilait la silhouette d'un cheval blessé.

On voyait la pauvre bête se traîner péniblement et, guidée par son instinct, chercher un abri contre les projectiles.

Nous, cependant, nous restions toujours immobiles. Pourquoi ? Le moment n'était-il pas venu d'opérer l'attaque de flanc en même temps que, par une vigoureuse offensive sur Noisy-le-Grand, nous menacerions les derrières de l'ennemi ?

Mais jusqu'à midi (!!), nous demeurâmes témoins inutiles de la lutte furieuse engagée sur notre droite. Enfin on nous porte en avant sur la route de Strasbourg. Nous faisons un kilomètre environ, puis on nous arrête de nouveau. Nous touchons à la Marne. De là, nous apercevons distinctement, entre Brie et Noisy-le-Grand, à mi-côte, deux lignes de tirailleurs échangeant une fusillade fort vive. Avec quelques canons, ou mieux quelques mitrailleuses, la ligne prussienne prise d'écharpe par nous serait facilement anéantie. Mais notre artillerie a disparu ! Dire notre rage est impossible. Et sur le plateau d'Avron, que fait-on ? N'aperçoit-on pas l'ennemi qui est là à portée de canon ? A défaut de télégraphe, on pourrait faire prévenir par un officier à cheval. Mais rien, on ne fait fait rien.

Au bout d'une heure, on nous ramène en arrière. Nous respirons : le pont de bateaux vient d'être jeté. Une batterie de mitrailleuses est amenée. Pendant une demi-heure, elle fouille une futaie où l'ennemi pourrait être blotti, sur la rive gauche de la Marne. Nous entendons l'ouragan de mitraille s'abattre sur les jeunes arbres dont il fauche les branches. Rien d'agaçant comme le bruit de ce nouvel engin de guerre ; on dirait une toile épaisse violemment déchirée, et ce *krrrr* incessant redouble notre impatience.

Assez ! ne pouvons-nous nous empêcher de murmurer ; à notre tour ! il est temps de passer.

Tout à coup arrive l'ordre de cacher tout notre monde dans des fossés, derrière les haies ou les murs de clôture. Passe un officier d'état-major qui, d'un air souriant, nous apprend que nous avons le dessous, et que les Prussiens, maîtres du plateau, vont nous mitrailler à leur aise ; — d'où les précautions que l'on nous fait prendre.

Je renonce à dépeindre l'agitation à laquelle nous sommes en proie pendant que nous exécutons le mouvement ordonné. Nos hommes *défilés* du mieux qu'il est possible, nous reportons nos yeux sur les côteaux de Bry. Rien ne se montre; la fusillade a cessé, la canonnade s'est éloignée.

Un cavalier lancé à fond de train paraît sur la route, venant du côté de Nogent. C'est notre général de brigade. Il s'arrête à ma hauteur :

— Quel est ce bataillon !

— Le 3e bataillon de zouaves, mon général.

— Vite ! formez-le, nous passons la Marne.

— Ah ! enfin.

A son tour, le général de Bellemare arrive et se met à notre tête.

A peine engagés sur le pont, un pontonnier nous arrête, et prétend que personne ne doit passer là à cheval.

Le général de Bellemare envoie... promener le pontonnier et continue. Arrivé sur la rive gauche il se retourne vers moi :

— De suite, une compagnie en tirailleurs !

— Quel est le point de direction ?

— Droit devant vous !

Le mouvement s'effectue, quand survient un aide-de-camp du général d'Exéa qui apporte l'ordre de revenir sur nos pas.

Nous repassons la Marne. Là un colloque très-vif s'engage entre le général de Bellemare et l'aide-de-camp de notre commandant de corps d'armée.

Je n'en entends que la fin : « Dites à votre général que je passe quand même » ; et se tournant vers nous : « En avant ! mes amis. »

Les zouaves se précipitent, le pont tremble et fléchit sous leurs pas, et de nouveau la Marne est franchie.

Les tirailleurs sont déployés, les pelotons de soutien sont en marche, quand le colonel arrivant sur moi me crie : « Mais où allez-vous donc ? »

— Droit devant moi, vers la crête du plateau, comme le général me l'a ordonné.

— Non pas ! faites un changement de direction à gauche et dirigez-vous sur Noisy-le-Grand.

J'obéis. Mais le lecteur comprendra, sans que j'aie besoin d'y insister, si je pestais contre ceux qui nous faisaient perdre un temps précieux en marches et contre-marches sans but comme sans raison.

Sur ma droite est un parc dont les murs sont crénelés ; des fascines en ferment l'ouverture. Mais ses défenseurs l'ont abandonné, et la section que j'y ai lancée me fait prévenir qu'elle n'a rien découvert.

A quinze cents mètres environ de Noisy-le-Grand, le colonel arrête mes tirailleurs et me donne l'ordre formel de ne pas pousser plus loin ; puis il va rejoindre les autres bataillons du régiment qui passaient la Marne.

L'ennemi doit être devant nous et sur notre droite. Mais j'ai beau promener ma lunette sur tout le terrain environnant, je ne découvre pas le moindre casque à pointe.

Un corps franc, *les Amis de la France*, exclusivement composé d'étrangers, vient prendre position à ma gauche, et je suis averti qu'il doit appuyer mon bataillon.

Je me porte en avant pour bien examiner le terrain ; quand je reviens, les premier et deuxième bataillons des zouaves ainsi que les *Amis de la France* avaient disparu. Je restais seul avec mon bataillon, sans instructions, sans avoir été prévenu de rien. Tout cela vraiment était bien peu sérieux.

Nous causions entre officiers de la bizarrerie de tous ces mouvements, quand un feu de mousqueterie nourri, furieux, éclata en arrière de nous et sur la droite, à hauteur du village de Bry. Ah ! disons-nous, voilà nos camarades qui abordent le plateau. Et nous, que devenons-nous ?

— Nous, dis-je en riant, nous avons tout l'air d'avoir été laissés là en faction pour conserver le pont. Seulement on aurait bien pu nous prévenir que telle était notre mission.

Notre conversation fut interrompue par nos tirailleurs qui commençaient le feu ; feu lent, intermittent. Il était facile de voir que l'ennemi était encore à grande distance.

En effet, une centaine d'Allemands étaient embusqués dans les carrières qu'on rencontre avant d'arriver à Noisy-le-Grand, et c'est de là qu'ils s'étaient décidés à échanger des balles avec nos zouaves. En même temps, plusieurs pelotons défilaient sur la route qui longe la crête du plateau, et l'un d'eux s'établissait dans un bouquet de bois à mi-côte. Ils avaient l'air de se mettre là en observation, comme nous y étions nous-même, dans la plaine en avant du pont.

Pendant deux heures, nous restâmes ainsi à nous regarder, nous envoyant à longue portée quelques balles inoffensives ; nous, retenus près du parc par une consigne inflexible, les Allemands immobilisés sans doute par un ordre analogue.

Nous gardions les ponts ; ils couvraient Noisy-le-Grand.

Tout d'un coup, la fusillade éclate vive et nourrie ; à notre droite, plusieurs pelotons de gardes mobiles apparaissent en désordre au sommet du plateau, descendent au pas de course les pentes au pied desquelles le bataillon est massé, et se réfugient éperdus dans nos rangs.

Les Allemands font entendre des *hurrahs!* triomphants.

Un officier de l'état-major du général d'Exéa arrive au galop pour s'informer d'où provient ce désordre.

Il est difficile de s'en rendre compte, puisque, du point où nous sommes, on ne peut voir ce qui se passe sur le plateau.

Ce qu'il y a de certain, c'est que le feu des Allemands redouble, qu'ils avancent et qu'il me faut envoyer du renfort à mes tirailleurs.

Trois batteries d'artillerie avaient passé le pont derrière nous, et jusqu'ici n'avaient absolument servi à rien.

— Envoyez-moi donc une de ces batteries, dis-je à l'officier d'état-major.

— Cela m'est impossible sans l'ordre du général. Et si l'on venait à en avoir besoin ailleurs ?

— Mais puisqu'il y en a trois, deux resteront toujours disponibles, et, pendant qu'elles se mettraient en mouvement, la troisième aurait le temps de rejoindre ; un kilomètre est bientôt parcouru.

— C'est bien grave.

— C'est moins grave que de nous exposer à être jetés à l'eau si les Prussiens viennent en force de ce côté. Ni vous ni moi ne savons comment les choses ont tourné là-haut, et, en fait d'infanterie, nous n'avons ici qu'un bataillon — ce qui est peu.

— Allons, soit ! dit-il.

Quelques minutes après, une batterie s'avançait au grand trot vers nous.

— Savez-vous où est le général ? me demanda le capitaine commandant, dès qu'il fut arrivé près de moi.

— Le général ? Il n'y en a aucun de ce côté.

— Comment ! mais c'est lui qui m'a fait appeler !

— Vous vous trompez, c'est un officier de son état-major, qui, sur ma prière, est allé vous chercher.

— Oh ! alors je m'en retourne.

— De grâce, raisonnons un peu. Il se fait tard. Il n'y a pas une chance sur mille pour que l'on vous emploie aujourd'hui autre part qu'ici. Il vient d'y avoir un peu de désordre sur notre droite ; je ne sais pas au juste ce que j'ai devant moi ni si je ne suis pas menacé d'un orage qui s'amasse à Noisy-le-Grand. Vos canons en imposeront à l'ennemi ; sous leur protection, je pourrai rectifier ma position pour la nuit, car il faut à tout prix empêcher les Allemands d'arriver au pont. Je suis persuadé que quelques obus bien dirigés feront taire ces braillards — précisément les *hurrahs !* redoublaient.

— Tout cela est très-juste, mais je n'ai pas d'ordres. Bonsoir, mon commandant.

— S'il en est ainsi, je vais avoir recours à d'autres arguments.

Vous avez quatre-vingts artilleurs et moi j'ai là sept cents zouaves. Je vais faire enlever votre batterie ; il y aura cas de force majeure et votre responsabilité se trouvera dégagée.

Ne vaut-il pas mieux m'épargner cette extrémité ? Je prends tout sur moi. Vous pourrez dire que vous n'avez cédé qu'à la force.

— L'argument est péremptoire en effet, répondit le capitaine moitié riant, moitié fâché. Du reste, je n'ai pas encore tiré un coup de canon de la journée, et cela m'humilie un peu.

« En batterie ! » cria-t-il à son monde arrêté à trente pas de nous.

En un clin d'œil les pièces, enlevées des avant-trains, sont pointées et chargées. Grâce à la *lunette-stadia* dont j'étais muni, j'avais pu apprécier la distance qui nous séparait des principaux points occupés par l'ennemi.

Je donne la hausse aux pointeurs et le feu commence.

Dès la première salve, les *hurrahs* cessent comme par enchantement et la fusillade s'éteint.

J'en profite pour rappeler mes tirailleurs ; la nuit tombe et il me faut concentrer tout mon monde.

Nos braves artilleurs ne cessèrent le feu que lorsque l'obscurité fut devenue trop profonde pour leur permettre de pointer leurs pièces.

— Au revoir et merci, dis-je au capitaine, quand il s'éloigna avec sa batterie. Et à charge de revanche ; si l'on vient vous inquiéter cette nuit, comptez sur moi, car je reste ici.

En effet, bien que depuis trois heures de l'après-midi je n'eusse reçu d'instructions d'aucune sorte, je devais me considérer comme très-réellement placé en faction en avant du pont, et je ne pouvais bouger avant d'être relevé.

Le tout était de trouver pour la nuit une bonne position défensive et de m'y installer solidement.

Dans cette plaine nue, entièrement dominée par le plateau de Noisy-le-Grand, le parc à l'extrémité duquel je me trouvais était le seul obstacle sur lequel je pusse m'appuyer pour arrêter l'ennemi.

J'avais rallié et massé derrière mon bataillon les mobiles débandés qui m'étaient si inopinément tombés sur la tête. Eux avaient profité des premières ombres de la nuit pour s'esquiver. Il me fut impossible de savoir ce qu'ils étaient devenus. Je m'en consolai aisément, car ils étaient pour moi plutôt un embarras qu'un renfort.

Le parc où je m'établis n'était couvert par des murs ou des fossés que des deux côtés faisant face à la Marne et à Noisy-le-Grand. A droite, il n'était séparé du sentier qui court au pied des hauteurs que par une petite haie à moitié détruite. C'était le point faible de ma ligne de défense ; il me devenait donc indispensable de me relier dans cette direction aux troupes qui gardaient Bry.

Après d'assez longues recherches, je découvris enfin un poste de mobiles installé dans une des dernières maisons de ce village. Je lui *présentai* les *turcos* que j'emmenais avec moi, j'invitai lesdits *turcos* à ne pas prendre les mobiles pour des Prussiens, puis je rentrai dans le parc.

Depuis le matin nous étions à jeun, car je ne puis guère compter comme repas les quelques biscuits grignotés pendant nos longues pauses au bord de la Marne. L'heure était venue de faire sinon la soupe, du moins le café.

Les feux de cuisines furent allumés à l'abri d'épais massifs d'arbres, et les officiers élurent domicile dans une grossière baraque en planches qui avait servi de poste aux Prussiens. Des matelas jetés par terre y avaient été apportés par eux, et, sur une table, on voyait encore les débris d'un repas interrompu par notre attaque.

Dans un coin, des bouteilles, beaucoup de bouteilles... vides. Tout cela n'était pas très-ragoûtant ; mais nous étions fatigués, nous avions faim, et ce n'était pas le moment de nous montrer difficiles.

Guidé par nos feux, un officier d'état-major venait d'arriver jusqu'à nous.

— Est-ce que vous comptez passer la nuit ici ? me demanda-t-il.

— Oui, sans doute.

— Mais, c'est que je ne crois pas que ce soit dans les intentions du général.

— Alors, qu'il m'envoie l'ordre de repasser la Marne, j'obéirai. Jusque là j'ai un pont à garder et je le garde.

— Mais vous êtes bien peu nombreux.

— Qu'on m'envoie du renfort, je ne demande pas mieux.

— Je vais prévenir le général d'Exéa.

— Allez ! en attendant, je vous serai obligé de me donner le mot de ralliement qu'on a négligé de m'envoyer

— « Pétion-Presbourg. »

— Merci.

Il était neuf heures du soir et nous allions...... nous mettre à table — pardon de l'expression un peu prétentieuse pour la circonstance — quand survint le brave et excellent médecin major des zouaves qui *faisait popote* (1) avec nous.

Il venait de l'ambulance; par lui nous allions enfin avoir des nouvelles et de la bataille et de nos camarades.

Nous ne le laissâmes pas manger avant qu'il eût satisfait notre curiosité.

Voici son récit :

« Une demi-heure environ après que le régiment eut passé la Marne, et tandis que vous étiez massés ici près de ce parc, l'ordre arriva d'enlever le plateau de Bry. Excepté votre bataillon, laissé en observation devant Noisy, toute l'infanterie disponible fut dirigée sur Bry par la rive gauche de la Marne. Une maison près de l'église servait d'ambulance. Je m'y arrêtai, et c'est là que j'ai su, par les blessés, ce qui s'était passé.

« En débouchant du village, nos deux bataillons ont été lancés sur la crête que l'ennemi avait garnie d'une forte ligne de tirailleurs. Nos zouaves, avec un entrain irrésistible, se sont jetés en avant, ont fait plier l'ennemi et repris deux pièces abandonnées, le matin, par une de nos batteries. Poursuivant leur course, ils

(1) Nom qu'on donne aux tables d'officiers en campagne.

ont culbuté tout ce qui se trouvait devant eux sur le plateau, et sont arrivés ainsi jusqu'à un parc immense, où l'ennemi s'était réfugié.

« Mais là, impossible d'avancer. Les murs crénelés sont trop élevés pour permettre l'escalade, et l'on n'a rien pour faire brèche. Ah ! si le mouvement avait été appuyé par de l'artillerie ! Nos pauvres zouaves marchant la poitrine découverte sur un ennemi invisible qui les fusille à bout portant, se font inutilement décimer. En attendant des canons — qui ne viendront pas — il faut battre en retraite.

« Le mouvement s'opère lentement, comme à regret, et les zouaves s'arrêtent d'eux-mêmes, un peu au-dessous de la crête du plateau, à l'abri des coups de l'ennemi, bien décidés à ne pas reculer plus loin.

« Si des obstacles insurmontables les ont arrêtés dans leur course victorieuse, ils ne veulent pas du moins que l'ennemi puisse se montrer à découvert sur le plateau. Et, en effet, celui-ci se tient prudemment derrière ses murs crénelés. C'est dans cette situation que la nuit a surpris les combattants.

« Le général d'Exéa avait envoyé l'ordre aux zouaves de se retirer, mais ils ont déclaré qu'ils se sentaient parfaitement en état de garder la position qu'ils avaient conquise, et le général a cédé à leurs instances.

« L'élan de nos deux bataillons était tel, qu'ils ont perdu peu de monde en enlevant les pentes de Bry. Mais une fois sur le plateau, quand leur effort est venu se briser contre un mur crénelé infranchissable, ils ont éprouvé des pertes cruelles : nous avons plus de trois cents hommes et vingt-deux officiers hors de combat. Et l'engagement n'a pas duré une heure ! »

Quand notre excellent docteur eut terminé son récit, ce fut un *tolle* général parmi nous : « Toujours la même chose, disions-nous. On lance l'infanterie sur des murs crénelés avant d'y avoir fait brèche avec du canon. Et, pendant ce temps-là, trois batteries restent immobiles auprès d'un pont où elles ne sont d'aucune utilité! Et le général d'Exéa — que personne de nous n'a vu, par parenthèse — n'intervient que pour envoyer, sans rime ni raison, l'ordre d'abandonner les positions conquises sans lui, presque malgré lui !

« Décidément, *des généraux comme ça, y n'en faut plus !* »

Malgré notre répugnance et notre horreur pour certains parasites que les Prussiens laissent habituellement partout où ils passent, nous allions nous jeter sur les matelas où ils avaient dormi la veille, quand je fus averti qu'un général me demandait à la porte du parc.

C'était le général Daudel qui venait, avec un des régiments de sa brigade (le 108e), appuyer l'extrême gauche de notre ligne de bataille. Je le mis au courant des dispositions que j'avais prises pour parer à une attaque de nuit, et après s'être rendu compte de la situation, il fit déployer son régiment entre la Marne et le parc, de façon à l'avoir sous la main si besoin était.

Il me dit que, selon toute probabilité, il serait chargé, à la pointe du jour, d'enlever Noisy-le-Grand et me demanda si je croyais ce village fortement occupé.

Je crois, lui répondis-je, que, dans la journée, il y avait très-peu de monde à Noisy ; autrement les Prussiens, qui voyaient combien nous étions peu nombreux de ce côté, nous auraient attaqués avec plus de vigueur qu'ils ne l'ont fait. Comme nous, et probablement pour les mêmes causes, ils se sont tenus sur la défensive ; d'où je conclus qu'ils n'étaient pas en force par ici. Mais ils vont certainement amener du monde cette nuit à Noisy, et en augmenter les défenses. Ils sont sans doute obligés de faire venir leurs réserves de très-loin ; nous qui avions les nôtres tout près, nous n'avons pas su profiter de cet avantage, et il pourra nous en coûter. Si le 108e, qui n'a pas été engagé aujourd'hui, était seulement arrivé à trois heures de l'après-midi au lieu d'arriver à onze heures du soir, je suis convaincu que nous entrions aisément à Noisy. Qui sait ce qu'il en sera demain ?

Le général approuva de la tête, puis comme il fallait être sur pied avant le jour, chacun s'en fut prendre un peu de repos.

La nuit fut des plus calmes, et, contre notre attente, les Prussiens ne vinrent pas à la pointe du jour tâter nos positions.

Mais, comme prudence est mère de sûreté, nous avions pris les armes de bonne heure et chacun était à son poste de combat, quand notre général de brigade vint nous donner l'ordre de repasser la Marne, et d'aller nous masser près de ce village du Perreux, où nous avions fait une si longue station la veille.

Nous retrouvâmes là nos camarades des 1er et 2e bataillons, très-justement fiers de leur brillant fait d'armes, mais non moins irrités d'avoir vu, par la faute de nos chefs, tant de braves gens sacrifier inutilement leur vie.

Une fois les tentes dressées, on s'occupa sans retard de combler les vides formés dans nos rangs par le combat de la veille. Effets perdus, armes brisées, cartouches brûlées : tout cela était facile à remplacer ; il n'en était pas de même, hélas ! des vingt-deux officiers tués ou blessés grièvement, ni de tant de braves soldats tombés pour ne plus se relever. Chacun de nous, après avoir accompli la tâche qui lui incombait, se posait cette question : Où en sommes-nous ?

A gauche, nous n'avons obtenu qu'un demi-succès. Nous avons, il est vrai, refoulé les Allemands sur le plateau de Bry, mais nous n'avons pu aller plus loin. Aux attaques du centre et de droite, que s'est-il passé ? Va-t-on poursuivre la lutte ? Va-t-on tenter un nouvel effort ?

Cette incertitude nous tuait. Et puis, il faut le dire, nous n'avions plus la confiance ni l'enthousiasme du premier jour.

J'ai retracé, dans ses moindres détails, et notre inexplicable inaction pendant la moitié de la journée du 30 novembre, et nos mouvements incohérents, et la série d'ordres et de contre-ordres qui avaient paralysé en partie l'élan des troupes. Pouvions-nous espérer qu'on en avait fini avec de détestables errements, avec une indécision qui nous avait été si fatale jusqu'à ce jour ? C'est l'armée, l'armée régulière qui avait supporté tout le poids du choc ; c'est la garde nationale qu'on avait tenue en réserve ! Où étaient les troupes fraîches ? Est-ce à la garde nationale qu'on allait demander de briser les obstacles qui avaient arrêté nos meilleurs régiments ?

A ce grotesque passage de la Marne tant de fois ordonné et contremandé, nous avions bien vu que le général en chef s'était déchargé sur ses lieutenants — et quels lieutenants ! — des soins les plus graves.

On disait, il est vrai, que le général Ducrot avait déployé une bravoure chevaleresque en chargeant à la tête de son escorte. Que nous importait ? Le dernier caporal de zouaves en eût fait autant. Est-ce donc là le rôle d'un général en chef ? Pendant ce temps-là, des régiments entiers restaient inactifs ou étaient mal engagés. Pendant ce temps-là, tout un corps d'armée était immobilisé par l'ineptie de son commandant, et le mouvement qui pouvait décider de la victoire commençait quatre heures trop tard.

Et aux portes de Paris, avec un matériel et un personnel incomparables, on n'avait même pas eu l'idée de relier par un fil électrique nos corps d'armée entre eux et avec les forts. Si bien que notre artillerie tirait quand il ne fallait pas et se taisait quand elle aurait dû tirer ; si bien que nos attaques successives, décousues, donnaient à l'ennemi le temps de se reconnaître, de faire face au danger le plus pressant, et d'appeler ses réserves.

Ah ! oui, mille fois oui, avec un général *sachant* et FAISANT son métier, le 30 novembre, même réduits aux seules ressources de l'armée active, nous percions la ligne d'investissement, et nous allions coucher à Lagny comme le comportait notre programme.

La journée du 1er décembre et la nuit du 1er au 2

s'écoulèrent dans le plus grand calme. Français et Allemands restant dans leurs positions s'observaient et se préparaient à de nouveaux combats. Seulement, les Allemands se préparaient mieux que nous, et tout le temps que nous perdions sans motif plausible, ils le mettaient à profit pour se concentrer et amener de nouvelles masses sur le champ de bataille.

Journée du 2 décembre.

Le 2 décembre, au point du jour, nous fûmes réveillés par le bruit du canon et de la fusillade. L'ennemi avait reçu ses renforts, il attaquait. Et comme, en trente-six heures, nous n'avions trouvé moyen ni d'élever un seul ouvrage sur la position que nous occupions, ni d'y amener du canon, nos troupes surprises (comme toujours !) par cette brusque agression, avaient plié et perdaient rapidement le terrain si péniblement conquis le 30 novembre.

A *sept heures* du matin, l'attaque était vigoureusement dessinée sur toute la ligne ; à *onze heures* seulement, nous recevions l'ordre de prendre les armes.

Nous traversons Nogent, une partie du bois de Vincennes, — où sont massés les bataillons de *marche* de la garde nationale qu'on s'obstine à ne pas vouloir faire *marcher,* — nous passons la Marne à Joinville, puis on nous fait faire une première halte à cinq cents mètres du pont, — de ce fameux pont qu'on avait si sottement fait sauter le 16 septembre, et qu'on n'avait que très-incomplétement réparé.

Au bout d'une demi-heure, nous nous remettons en marche ; nous prenons la route de Champigny. De nombreux brancards passent avec des blessés. Dans le nombre nous reconnaissons quelques chasseurs saxons. Bon signe ! si nous ramassons les blessés de l'ennemi, c'est que nous regagnons du terrain.

On nous arrête de nouveau. Nous sommes près

du champ de bataille. Au milieu de la fumée nous apercevons les lignes ennemies. Canons, mitrailleuses et chassepots, tout cela tonne, grince et crépite à la fois. On avance, lentement, mais on avance.

Brusquement on nous fait appuyer à gauche. Nous traversons un petit bois, nous passons sous le chemin de fer de Strasbourg, nous nous engageons sur la grande route qui mène à Bry-sur-Marne. Là nous rencontrons le général Trochu. A tout prix, et quoi que nous puissions penser, il faut réveiller l'ardeur de nos zouaves et maintenir leur confiance. Donc nous acclamons le gouverneur. Il nous salue et félicite les bataillons engagés la veille de leur belle conduite. Les acclamations redoublent.

Le régiment, qui ne s'est point arrêté, arrive bientôt au-dessus du village de Bry. Il quitte la route, s'engage sur des pentes abruptes semées de pommiers, et s'y déploie par bataillons en masse.

Où sommes-nous? Précisément au point où les zouaves s'étaient battus l'avant-veille. Nous avons fait inutilement un détour de trois lieues pour y revenir.

Au-dessus de nous et à notre gauche, les tirailleurs du 108e garnissaient les crêtes. Nous venions appuyer ce régiment comme il était venu lui-même nous soutenir dans la soirée du 30 novembre.

Du reste, les choses en étaient revenues exactement au point où elles se trouvaient l'avant-veille. Les Allemands se tenaient derrière leur mur crénelé, les Français à l'extrémité du plateau, séparés par une petite plaine complétement nue, où personne ne jugeait prudent de se montrer.

Sans être très-vif, le feu était régulier et continu. Comme nos hommes ne pouvaient tirer d'où ils étaient, et que, d'un autre côté, les balles rasant la crête du plateau nous arrivaient en plein, on fit coucher tout le monde.

Nos illustres chefs s'étaient décidés à comprendre qu'il fallait de l'artillerie pour faire brèche aux murs qui nous arrêtaient.

Pendant les nuits du 30 novembre au 1er décembre et du 1er au 2 décembre, il eût été facile d'élever des épaulements pour abriter nos pièces. On s'en était bien gardé. Une batterie de campagne — je dis *une* — vint donc s'établir à découvert sur le plateau, exposée *seule* au feu convergent des batteries prussiennes — parfaitement couvertes, elles.

Il était, paraît-il, dans notre lot de recueillir tous les projectiles destinés à nos batteries. On eût dit que nos emplacements étaient soigneusement choisis dans cette intention. En effet, nous fûmes bientôt assaillis par une véritable pluie d'obus. Ils tombaient et éclataient sur notre front, sur notre flanc et sur nos derrières — et c'est miracle qu'ils ne nous aient blessé que peu de monde.

Par malheur un bataillon de mobiles qu'on envoyait prendre position à notre gauche vint, en ce moment à défiler devant nous.

C'étaient des Bretons, de ces compatriotes du général Trochu dont nous avions souvent entendu vanter l'intrépidité. Je n'ai aucune raison pour médire d'eux; mais je dois à la vérité de déclarer que leur contenance n'était pas des plus martiales. Ils marchaient fort en désordre et à demi courbés, se bousculant et se débandant à chaque obus qui arrivait.

Un d'eux eut la tête emportée. Ce fut une reculade générale. Effarés, ils se jetèrent en arrière, piétinant sans pitié les zouaves couchés dans les sillons. Ceux-ci, n'y comprenant rien, se relevèrent vivement et gourmèrent quelque peu les intrus. Il y eut une mêlée générale. Dans cette masse confuse les obus prussiens faisaient leur trouée, frappant indistinctement zouaves et mobiles.

Le désordre, d'ailleurs, fut de courte durée, car les officiers, le sabre ou la canne à la main, s'empressèrent de faire reprendre à chacun sa place.

Peu après, des chevaux sans cavalier passèrent bride abattue devant nous. C'étaient ceux de nos artilleurs écrasés par le feu des batteries prussiennes.

Pendant que nous considérons ce triste spectacle, une balle morte frappe un de nos camarades. Nous

nous empressons à le secourir, le croyant dangereusement atteint, quand surgit comme par enchantement une jeune et élégante femme portant le brassard de la convention de Genève. Elle vient offrir ses soins. Nous la remercions; notre blessé n'a qu'une contusion légère. Respectueusement, nous invitons la jeune ambulancière à se retirer, car l'endroit n'est pas sûr. Mais elle, avec un délicieux mélange de grâce et de fermeté, répond qu'elle doit être partout où il peut y avoir des blessés à secourir.

Fort heureusement le feu cesse au même instant. On vient de conclure un armistice de quelques heures pour relever les morts et bientôt nous voyons apparaître une longue file de brancards et de voitures d'ambulance précédée du drapeau blanc à croix rouge.

La sinistre besogne commence. Les Saxons — car c'est la garde royale de Saxe que nous avons devant nous — sortent de leur parc et viennent chercher leurs morts abandonnés sur le plateau depuis le 30 novembre. Bien qu'il fasse déjà froid, ces cadavres vieux de 48 heures exhalent une odeur infecte.

Les corvées française et allemande se trouvent un instant confondues ; mais la haine survit, et doit survivre à la lutte. On évite de se parler. Quelques Saxons veulent s'approcher de nous, on les éloigne brutalement. Un gendarme saxon ne tenant pas compte de nos *furth* ! (1) énergiques, s'avance jusque sur notre ligne de tirailleurs. Il est désarmé, emmené prisonnier et conduit au général qui veut le faire fusiller comme espion.

Sur ces entrefaites, la nuit est venue. Nous relevons les tirailleurs du 108e et nous plaçons nos grand'gardes. Chacun de nos bataillons a son front couvert par une compagnie déployée à cinq cents mètres en avant.

Les autres dressent leurs tentes entre les dernières maisons de Bry et le plateau. Partout les feux s'allument. On se serre autour d'eux, car le froid est vif.

(1) *Furth !* allez-vous-en !

Notre cuisinier avait trouvé un sommier élastique au beau milieu d'une des rues de Bry. Je me rappelle avec quelle joie nous l'accueillîmes, et combien nos camarades nous enviaient, mon adjudant-major et moi, qui allions avoir la bonne fortune de ne pas coucher par terre.

Vers onze heures du soir, après un souper assez maigre et une interminable causerie les pieds dans un feu de bivouac, nous fûmes visiter les avant-postes. Un vieux sergent vint au devant de nous, et, nous montrant à soixante pas environ un point sombre qui se détachait sur la plaine vivement éclairée par la lune, nous obligea à continuer notre marche en rampant. C'était l'avant-poste prussien qui était là près de nous. Un silence absolu, silence de mort s'il en fut jamais, planait sur le champ de bataille.

En revenant sur nos pas, nous nous arrêtâmes près d'une large excavation. C'est là que, se sentant blessés mortellement sans doute, zouaves et Saxons s'étaient réfugiés pendant la bataille.

La lune jetait ses froides clartés sur ces visages pâlis, sur ces membres raidis par la mort. Tous dormaient pêle-mêle de l'éternel sommeil : étrange rapprochement et beau thème aux dissertations philosophiques ! Mais pour l'heure, nous avions autre chose à faire.

Excepté les sentinelles qui, pour se réchauffer, battaient la semelle devant les faisceaux, chacun repose au camp. Mon adjudant-major et moi, enveloppés dans nos couvertures, nous nous jetons côte à côte sur notre bienheureux sommier. Cinq minutes après nous dormions.

Une sensation de froid humide au visage me réveille. J'ouvre les yeux, je porte les regards autour de moi : c'est la neige ; elle a déjà tout recouvert de son blanc linceul.

Il est quatre heures passées ; ce n'est plus la peine de se rendormir, car il faut être sous les armes bien avant le jour. On a mis — enfin ! — la nuit à profit pour creuser une tranchée-abri sur tout le front de nos positions, et les Allemands, certainement, viendront reconnaître ces travaux.

A cinq heures les zouaves se glissent hors de leurs tentes et secouent leurs membres engourdis par le froid.

En ce moment, la crête du plateau s'illumine soudain, la fusillade pétille vive et pressée, et les balles passent en sifflant au-dessus de nos têtes. La compagnie de soutien s'élance au pas de course en poussant son cri de guerre ; les colonnes rapidement formées se portent en avant.

Etait-ce une attaque sérieuse ou bien une simple reconnaissance? — Je l'ignore. Toujours est-il que l'ennemi, après une demi-heure de vains efforts pour nous déloger, se décide à rentrer dans ses lignes. Quand le jour se lève, tout est redevenu calme.

Seuls, quelques coups de canon tirés des forts ou du plateau d'Avron troublent le silence.

Les heures s'écoulent lentes, monotones, et nous restons immobiles sous la neige qui tombe toujours. Nos zouaves errent mélancoliquement sur le champ de bataille, où ils ramassent des casques à pointe et des fusils Dreyssе.

A quatre heures nous arrive l'ordre de départ, nous allons repasser la Marne !

Le temps brumeux, les premières ombres de la nuit dérobent notre marche à l'ennemi, qui ne fait rien pour inquiéter notre retraite.

Plus de la moitié des ponts déjà sont repliés, et l'armée s'écoule lentement par les étroits débouchés qui lui restent.

A huit heures seulement nous franchissons la rivière au-dessous de Joinville ; à dix heures nous campons dans un parc près du fort de Nogent.

Tout est fini ; nous renonçons à la lutte ; la grande sortie est manquée.

Fidèle au programme que je me suis imposé, je me suis renfermé dans mon rôle de témoin. Je n'ai parlé que de ce que j'ai vu.

Mais ce n'est pas sans intention que je me suis

appesanti sur certains détails. Quelque arides qu'ils aient pu paraître au lecteur, ils ont dû, mieux peut-être qu'une savante critique, lui faire toucher du doigt les fautes impardonnables auxquelles nous devions notre insuccès.

Je me bornerai donc à les résumer sous forme d'interrogations.

Comment n'a-t-on pas su prévoir la crûe de la Marne après les pluies d'automne ?

Pourquoi, la sortie n'ayant pu s'effectuer que le 30 novembre au lieu du 29, n'a-t-on pas contremandé la diversion sur Choisy-le-Roi ?

Pourquoi, le 29, n'a-t-on pris aucune des précautions propres à cacher notre mouvement à l'ennemi ?

Pourquoi n'a-t-on pas fait supporter le premier choc à la garde nationale et tenu en réserve l'armée, qui devait avoir plusieurs jours de combats à soutenir ?

Pourquoi, surtout, s'est-on systématiquement abstenu d'engager un seul bataillon de cette même garde nationale ?

Pourquoi le général en chef n'a-t-il pas fait établir en arrière de notre ligne de bataille un fil électrique qui lui aurait permis de transmettre rapidement ses ordres à tous les corps d'armée ?

Pourquoi n'a-t-on pas amené une artillerie plus nombreuse sur le plateau d'Avron, qui prenait d'écharpe les positions allemandes ?

Pourquoi le corps d'Exea n'a-t-il passé la Marne qu'à deux heures de l'après-midi ?

Pourquoi n'a-t-on pas soutenu l'attaque des zouaves avec de l'artillerie ?

Pourquoi cette série d'ordres et de contre-ordres qui nous ont fait perdre un temps précieux ?

Pourquoi, dans la nuit du 30 novembre au 1er décembre, n'a-t-on pas fortifié les positions par nous conquises, et amené sur le plateau de l'artillerie de gros calibre ?

Pourquoi l'immobilité absolue du 1er décembre ?

Pourquoi encore, dans la nuit du 1er au 2 décembre,

n'a-t-on rien fait pour prévenir un retour offensif de l'ennemi ?

Telles sont les questions auxquelles MM. les généraux Trochu et Ducrot devraient avoir à répondre devant un conseil de guerre.

On a vu, pendant le combat, combien les détails d'exécution avaient été négligés ; on a vu un commandant de corps d'armée ignorer même les mouvements exécutés par les régiments placés sous ses ordres ; le même gâchis, la même confusion, la même imprévoyance ont présidé à l'organisation du service des vivres et des munitions.

Pour finir, je citerai un dernier trait dont je n'ai pas été témoin, mais que m'a rapporté un homme dont la loyauté et la bonne foi sont au-dessus de tout soupçon, c'est précisément le colonel du 108e, de ce régiment qui vint nous rejoindre dans la nuit du 30 novembre.

Pour appuyer l'attaque de l'extrême droite sur Montmesly, une très-forte batterie avait été établie dans la *Boucle* de la Marne. Le 108e la gardait.

Ce régiment étant un de nos meilleurs, on lui destinait un rôle actif dans la grande sortie du 30 novembre. Il reçut, en conséquence, l'ordre de quitter la *Boucle*, où il devait être remplacé par un régiment de mobiles. Mais on OUBLIA d'envoyer les mobiles, et l'officier qui commandait la batterie, se voyant abandonné, emmena ses pièces pour ne pas les laisser enlever par l'ennemi.

L'attaque sur Montmesly, d'abord couronnée de succès, fut bientôt arrêtée par les feux écrasants de l'artillerie prussienne, que la nôtre ne contrebattait pas. Ainsi fut annihilé, dès le début de l'action, l'effort de notre aile droite ; l'aile gauche, on se le rappelle, et je ne saurais trop y revenir, fut tenue, sans cause connue ou avouable, immobile pendant plus de la moitié de la journée ; de telle sorte que les Allemands purent, tout à leur aise concentrer leurs forces au centre où la bataille fut des plus meurtrières pour nos troupes.

Je n'avais, au début de la campagne, aucune prévention contre MM. Trochu et Ducrot ; je les avais jugés jusqu'alors sans haine et sans passion, selon leurs œuvres, mais après cette dernière expérience, j'avoue que, comme tous mes camarades, du reste, je leur vouai un profond ressentiment.

Pourtant, nous n'étions pas au bout de nos épreuves.

Nogent.

Le temps était devenu si mauvais, le froid si vif, qu'il eût été cruel de faire camper les troupes sans nécessité absolue.

On nous cantonna donc dans Nogent, dont toutes les maisons avaient été abandonnées par leurs propriétaires.

C'est là qu'un nouveau coup vint nous atteindre. Grâce à la capitulation de Metz, l'armée du prince Frédéric-Charles avait pu se porter sur la Loire ; opérant sa jonction avec von der Thann, elle avait coupé en deux l'armée du général d'Aurelles de Paladines et repris Orléans.

Je n'ai pas besoin de dire quelle fut notre douleur à la réception de cette triste nouvelle. L'avenir nous apparaissait sous les couleurs les plus sombres et le découragement commençait à nous gagner.

La vie que nous menions à Nogent était peu faite pour relever notre moral. Bloqués par le mauvais temps, laissés dans une oisiveté dangereuse, il était difficile de nous soustraire à nos tristes préoccupations.

Ajoutez à cela des privations de toutes sortes.

On s'était aperçu, trop tard, hélas ! que le stock de farine amassé dans Paris n'était pas inépuisable. Il avait fallu en venir au rationnement. Nous ne recevions plus quotidiennement que trois cents grammes d'un pain dont le riz et l'avoine formaient les principaux éléments ; chaque jour diminuait la proportion de farine qui y était primitivement entrée, et, à la fin du siége, ce n'était plus qu'un composé noirâtre, gluant, indigeste de détritus sans nom.

Le propriétaire de la maison où j'étais logé vint un jour chercher quelques meubles oubliés par lui. Très-gracieusement il m'invita à disposer des poissons... *rouges* que contenait un grand bassin situé au milieu de son jardin.

Je ne me le fis pas dire deux fois. On casse la glace, on improvise des filets avec les tentes-abris, et le soir les poissons rouges figuraient sur la table de la *popote*. Ce fut une véritable fête; il y eut des invitations de lancées, et pourtant il me vient des nausées rien qu'au souvenir de la graisse qui servit à faire la friture. Voilà où nous en étions.

Nos souffrances n'étaient rien encore comparées à celles de la population de Paris. Nous ne pouvions lire sans une douloureuse émotion les récits des journaux nous montrant de pauvres femmes, les pieds dans la boue, exposées à l'âpre morsure de la bise, passant de longues heures à la porte des bouchers et des boulangers pour attendre la maigre pitance qui devait faire vivre tout un ménage.

Et cette population ne se plaignait pas. Elle ne désespérait pas davantage; c'est son indomptable énergie, son ardent patriotisme qui ont inspiré au gouvernement de la défense nationale le peu de bien qu'il a pu faire. Loin que ce fût, selon la coutume, l'autorité militaire qui eût à relever le moral de la population civile, c'est cette dernière, au contraire, qui empêchait nos généraux de succomber aux lâches défaillances et les retenait sur une pente où ils n'étaient que trop disposés à glisser.

Mais s'ils n'osaient faire publiquement l'aveu de leur lassitude et de leur peu de foi, ils s'en vengeaient dans l'intimité; il était facile de s'en apercevoir aux propos tenus par les officiers de leur entourage.

Un jour que j'étais allé à Paris, aux provisions, je rencontrai en revenant l'aide de camp d'un de nos généraux et fis route avec lui. Comme je lui exprimais ma façon de penser sur la situation et lui témoignais naïvement la croyance où j'étais que rien n'était encore perdu si l'on voulait se donner la peine de mettre en œuvre toutes nos ressources, il me persiffla fort agréablement. « Il n'y a plus rien à faire » : tel fut son unique argument et son seul refrain.

J'eus lieu alors de faire une remarque digne d'être mentionnée, c'est que les officiers qui dissimulaient le moins leur fatigue et leur ennui de ce long siége, ceux qui voulaient *en finir* à tout prix, étaient généralement fort hostiles aux idées républicaines.

Sans doute, une fois au feu, ils faisaient leur devoir comme les autres, mais par leurs actes ou par leurs paroles ils n'épargnaient rien de ce qui pouvait augmenter le découragement des troupes et diminuer la force morale des défenseurs de Paris. On eût dit qu'à leurs yeux la victoire perdait de son prix par cela seul qu'elle pouvait être portée au bilan de la République.

Je ne prétends point que ces officiers ainsi que nos généraux (dont plusieurs avouaient leur peu de sympathie pour le régime républicain) aient agi en vertu d'un plan préconçu, ce qui aurait fort ressemblé à une trahison ; mais ils ne faisaient certainement pas tout ce qu'ils auraient fait s'ils avaient attendu d'un empereur ou d'un roi la récompense de leurs services.

Ils se montraient surpris du patriotisme des Parisiens et irrités de l'attitude belliqueuse de la garde nationale. Ils ont souvent, à ce propos, donné le signal de plaisanteries d'un goût douteux, dont le moindre inconvénient était de faire accepter de l'armée, comme une chose toute naturelle, l'idée d'une prochaine capitulation.

Dans de telles conditions, les liens déjà si faibles de la discipline s'étaient encore relâchés.

Nos hommes inactifs passaient leur temps à marauder et à s'enivrer. On les voyait, errant dans les jardins, sonder avec la baguette de leurs chassepots, les massifs où trop souvent d'imprudents propriétaires avaient transporté le contenu de leurs caves. Un hasard avait fait découvrir une de ces cachettes ; depuis, il n'était pas un coin de jardin qui ne fût sondé, et bouleversé quand la baguette d'un zouave se heurtait à un corps dur qu'il supposait être une bouteille.

Quelques officiers sévirent ; mais, ne se sentant pas soutenus, ils renoncèrent bientôt à des mesures de rigueur qui restaient sans effet, par cela seul qu'elles n'étaient pas générales.

Pour tout service, le régiment de zouaves avait à fournir une compagnie de garde dans l'île de Beauté. Cette grand'garde était si mal organisée, si inintelligemment disposée qu'il n'eût tenu qu'aux Saxons — nous les avions encore devant nous, sur la rive gauche de la Marne — de nous tuer ou blesser la moitié de notre monde. Voulant faire cesser ce déplorable état de choses, je profitai d'un jour où j'étais de ronde pour envoyer un rapport rédigé en termes plus que vifs. Je m'attendais bien à recevoir, à la suite de ce rapport, quelque chose comme quinze jours d'arrêts ; mais au moins, me disais-je, les généraux sauront à quoi s'en tenir et ordonneront de plus sages dispositions.

Il n'en fut rien. Personne ne souffla mot, et les choses restèrent en l'état.

Cette inaction nous pesait lourdement, aussi accueillîmes-nous avec joie l'ordre de départ qui nous arriva le 20 décembre.

On allait, paraît-il tenter vers le nord la sortie manquée dans l'est.

Le 20 décembre au soir, nous campions en avant du village de Noisy-le-Sec.

Comme le 28 novembre, les officiers supérieurs devaient se rendre chez le général de Bellemare pour y être initiés au plan des opérations qui allaient commencer le lendemain.

Cette fois encore le programme des deux premières journées était arrêté d'avance ; mais comme on s'en écarta plus encore que pour la sortie du 30 novembre, je dirai simplement que notre ligne, appuyée à droite au plateau d'Avron, à gauche à Saint-Denis, ne pouvait se porter en avant qu'autant que nous serions maîtres du Bourget.

C'est à la prise de ce village que se trouvaient nécessairement subordonnées nos opérations.

L'attaque en était confiée aux meilleures troupes

sans contredit de toute la garnison de Paris : aux compagnies de fusiliers-marins.

Bataille du 21 décembre.

A sept heures du matin, nous avions franchi le canal de l'Ourcq. La compagnie franche des zouaves enleva sans grand effort une ferme isolée en avant du Drancy, et le régiment vint se déployer à droite de ce village, attendant pour pousser plus loin que le Bourget fût pris.

Hélas ! nous attendîmes en vain. Le village du Bourget que nous n'avions pas su défendre contre deux divisions prussiennes, les Prussiens le défendaient contre toute l'armée de Paris. Ce village, dont la perte avait été acceptée d'un cœur si léger par le général Trochu, suffisait à paralyser nos efforts et à faire avorter notre deuxième tentative de sortie en masse.

Je ne fatiguerai pas le lecteur du fastidieux récit de nos marches et contremarches pendant cette fatale journée du 21 décembre. Mais un fait dont je fus témoin me fournit l'occasion de parler d'une des questions qui ont le plus passionné l'opinion publique pendant le siége. Il s'agit des canons se chargeant par la culasse.

Dès le début de la guerre, il avait été facile de constater combien l'artillerie prussienne était supérieure à la nôtre au point de vue de la portée, de la rapidité et de la précision du tir.

Quand on organisa l'armée de Paris, il fallut lui donner des canons, et, pour ce, en fondre, car tout ou presque tout avait disparu dans le désastre de Sedan.

Au lieu de fabriquer des pièces de 4, condamnées par une rude expérience, ne valait-il pas mieux créer un modèle nouveau plus en harmonie avec les exigences de la science moderne ? Tel fut l'avis d'un certain nombre d'ingénieurs, d'officiers, et particulièrement du ministre des travaux publics, M. Dorian, qui déploya, en cette circonstance, un zèle, une activité, une intelligence au-dessus de tout éloge.

Mais, chose incroyable et pourtant vraie, le comité d'artillerie trouva mauvais cet empiètement sur ses attributions, et le général Trochu, professant au plus haut point le respect des traditions, n'osa pas rompre en visière avec les ridicules préjugés du comité ni briser ses sottes résistances.

Heureusement que l'initiative privée ne se laissa pas décourager.

Un modèle de canon du calibre 7, se chargeant par la culasse, fut adopté, et la fonte commença immédiatement.

L'essai de ces canons mit en relief certaines imperfections de détail, ce qui était fort naturel, puisqu'ils sortaient des mains d'industriels peu au courant de cette fabrication. Le comité en profita pour chanter victoire et condamner sans appel les canons se chargeant par la culasse.

On le laissa dire. Les imperfections furent corrigées et la fabrication continua. Les fonds manquant, les bataillons de la garde nationale se cotisèrent pour offrir des canons au gouvernement de la défense nationale — qui ne put moins faire que d'accepter. Seulement il continua à ne pas se servir desdits canons.

L'opinion s'émut, la presse pria et menaça, si bien que le 30 novembre une batterie de pièces de 7 fut envoyée sur le plateau d'Avron. J'ignore ce qu'on en fit, mais j'ai vu à l'œuvre une de ces batteries le 21 décembre, et de celle-là je puis parler en connaissance de cause.

Elle avait été établie en avant du Drancy et se trouvait à notre gauche. Grâce à la rapidité et à la précision de son tir, grâce à la longue portée de ses pièces, elle a pu tenir tête *seule* à *quatre* batteries prussiennes. Pendant trois heures nous sommes restés à sa hauteur ; pendant trois heures nous l'avons vue continuer son feu sous une pluie d'obus que l'artillerie prussienne envoyait à toute volée. Ce qui lui permit de tenir, c'est que, en raison de la distance, le tir de l'ennemi avait en grande partie perdu sa précision. Et la preuve, c'est qu'une de nos batteries de 12 ayant voulu se porter en avant pour se mettre à bonne portée, dut battre en retraite avant d'avoir tiré un seul coup de canon, tant fut violent l'orage qui s'abattit sur elle.

Si maintenant on nous demande pourquoi nous n'amenions pas plus de ces excellentes pièces de 7 sur le champ de bataille, la réponse est simple : cela ne convenait pas au comité d'artillerie, et, pour rien au monde, le général Trochu n'aurait voulu contrarier ce respectable comité ; — quant à l'industrie privée, elle avait fondu 300 canons !

A quatre heures du soir, nous apprenions que les marins, après des pertes énormes, avaient réussi à s'emparer d'une partie du Bourget. Mais lancés contre les murs crénelés où notre artillerie n'avait pas fait brèche, il leur avait été impossible d'avancer.

C'était toujours la même chose !

Après plusieurs tentatives nécessairement aussi infructueuses que sanglantes, l'ordre fut donné de battre en retraite, et les troupes se « *replièrent en bon ordre.* »

C'était de plus en plus la même chose.

La nuit venue, on nous fit camper près du canal de l'Ourcq, à hauteur de Bobigny.

Nous étions occupés à dresser nos tentes, quand près de nous s'éleva une immense clameur. C'étaient les mobiles de Seine-et-Marne qui, voyant passer un général, le saluaient de ces cris : « *la paix* ! *la paix* ! »

Ah ! je m'en souviens, ce fut chez nous un transport général de colère et d'indignation.

Nous pensions qu'un exemple sévère serait fait, car jamais soldats français ne s'étaient livrés sur un champ de bataille à une aussi scandaleuse manifestation.

Il n'en fut rien.

Depuis longtemps nos généraux laissaient porter les plus graves atteintes à la discipline sans en prendre nul souci, et pour quelques-uns d'entre eux, sans doute, ce cri honteux : la paix ! n'était que l'écho de leurs secrètes pensées.

Les mobiles, eux au moins, avaient une excuse. Arrachés brusquement à leurs foyers, à leurs travaux, jetés sans préparation suffisante sur les champs de bataille où l'ineptie de nos chefs les condamnait à d'inutiles sacrifices, incapables d'associer l'idée de patrie à la défense de cette grande ville qui avait donné le signal de toutes les révolutions, — *et on avait soin de le leur rappeler*, — atteints de ce mal incurable qui s'appelle le mal du pays, ils devaient être promptement las de cette guerre étrange et terrible. Les vrais coupables, ce sont les officiers qui toléraient, qui *encourageaient* les murmures séditieux.

Oh ! certes, ces officiers faisaient, la plupart au moins, leur devoir sur le champ de bataille. Mais après le combat, ils se croyaient déchargés de toute responsabilité et ne se gênaient pas pour faire entendre les propos les plus inconvenants.

C'était la génération élevée par l'empire qui portait ses fruits.

Triste nuit que cette nuit du 21 décembre ! Aux angoisses dont je viens d'indiquer la source, s'ajoutèrent les tortures physiques.

Le thermomètre, en effet, était descendu à 14 degrés au-dessous de zéro. Pour qui n'a point, dans de semblables conditions, dormi sur la terre durcie par la gelée, sous une tente ouverte à tous les vents, il est difficile de se faire une idée de ce que l'on peut souffrir.

Il y eut de nombreux cas de congélation, et, à dater de ce jour, les entrées à l'ambulance réduisirent promptement nos effectifs.

Le lendemain, à cinq heures du soir seulement, on nous faisait prendre nos cantonnements dans Noisy-le-Sec.

CHAPITRE IV

Le Bombardement.

Les tranchées.

Sous la protection de l'armée déployée dans la partie sud-est de la plaine Saint-Denis, on avait creusé des tranchées reliant le grand Drancy au village de Bondy.

Si nous ne pouvions percer les lignes ennemies, il fallait au moins retenir les Allemands sous les murs de Paris par la perpétuelle menace d'une grande sortie. Telle est l'explication — et je la crois vraie — que nous donnions au développement inopiné de nos travaux de défense. A coup sûr l'idée était bonne ; on pouvait seulement s'étonner qu'elle fût venue si tard au gouverneur de Paris.

D'autant que, grâce à l'intensité du froid, la terre profondément gelée ne se laissait plus entamer par la pelle ni la pioche — ce dont le général Trochu se prévalut pour expliquer, pour justifier notre inaction.

Nous passions 24 heures sur 48 dans ces tranchées. A l'exemple des Prussiens, nous avions creusé de larges trous coniques un peu en arrière de nos lignes. On y allumait de grands feux ; nos zouaves s'y blotissaient enveloppés dans leurs couvertures de campement, et, entassés les uns sur les autres, bravaient de leur mieux les rigueurs d'une température sibérienne.

Mais nos petits postes dont il importait de cacher l'emplacement à l'ennemi devaient se passer de feu ; là le froid laissait chaque jour de nouvelles victimes.

Dans ce service ingrat, les journées s'écoulaient tristes et monotones. On ne voyait rien. Tout au plus, au point du jour, quelques vedettes se montraientelles hors de portée de nos chassepots ; puis tout retombait dans le silence et l'immobilité. Jamais l'ennemi ne parut en force ; jamais il ne vint nous inquiéter. Il avait le sentiment de notre détresse, il savait que nos jours étaient comptés. A quoi bon dès lors une nouvelle effusion de sang?

La nuit de Noël, nous étions de garde de tranchée ; c'est dans un de ces trous sommairement décrits plus haut que nous fîmes le réveillon. Un filet de cheval d'une origine suspecte, une boîte de champignons en conserve, l'affreuse pâte noire qui nous tenait lieu de pain et une gourde d'eau-de-vie : voilà notre menu. Rôtis d'un côté, gelés de l'autre, aveuglés par la fumée, nous faisions, pour être gais, les efforts les plus consciencieux. Mais notre rire de mauvais aloi se glaçait sur nos lèvres ; nos saillies faisaient long feu, comme des pièces d'artifice trop longtemps exposées à la pluie, et bientôt notre conversation prit un tour sérieux et grave.

Un coup de feu tiré au loin par quelque sentinelle à demi endormie nous avait mis sur pied.

Nous comtemplions en silence cette plaine immense sur laquelle pesait un ciel bas et noir. Une large traînée rouge marquait l'emplacement de nos bivouacs. Parfois, sous une rafale de vent du nord, des millions d'étincelles en jaillissaient, puis tout s'effaçait dans la brume épaise qui nous enveloppait comme d'un manteau glacé.

Du côté de l'ennemi, tout était silencieux et sombre. Pourtant il nous semblait sentir son étreinte, persévérante, tenace, inflexible ; et nous, comme dans un rêve affreux, on eût dit qu'un mauvais génie nous livrait à lui, après avoir paralysé nos forces, et que nous nous débattions en vain dans ses griffes d'acier.

Pourquoi donc, tous, au même instant, fûmes-nous envahis par cette impression sinistre ? pourquoi cet horrible cauchemar qui oppressait nos poitrines ? — Je n'en sais rien. En regagnant notre trou, un vieil officier, tordant sa moustache raidie par le givre, laissa échapper cette exclamation : « Le gueux ! quand je songe que j'ai voté pour lui ! »

Le « gueux », c'était Napoléon III ! C'était le grand coupable, premier auteur des désastres et des ruines qui s'accumulaient autour de nous. C'était lui le mauvais génie qui nous avait jetés pantelants dans les serres de l'aigle prussienne.

Et moi, me roulant dans ma couverture : « Allons ! Si du moins cette guerre néfaste a corrigé la France de son goût pour les *sauveurs*, rois et empereurs, tout n'est pas perdu ! »

Le plateau d'Avron.

Le 27 décembre, à six heures du soir, après une pénible journée passée dehors, sous la neige, nous rentrions dans nos cantonnements de Noisy-le-Sec avec le doux espoir d'y trouver un peu de chaleur et de repos, quand nous arriva l'ordre de partir immédiatement pour le plateau d'Avron.

Depuis le matin une canonnade furieuse retentissait de ce côté. C'était l'ennemi qui venait de démasquer ses premières batteries de siége.

Le plateau d'Avron n'offrait que peu d'abris aux troupes chargées de le garder. Aussi, ces troupes avaient-elles plié sous le feu violent qui les écrasait de toutes parts ; et, comme on craignait quelque désordre, on avait jugé prudent d'y envoyer pour renfort un régiment ayant fait ses preuves.

A coup sûr le choix dont les zouaves étaient l'objet, en cette occasion, était des plus flatteurs, ce qui ne les empêcha pas de trouver la corvée un peu dure.

En effet, on nous conduisit à peu près au milieu du plateau ; puis, les faisceaux formés, on nous invita à nous coucher derrière, sans dresser les tentes et surtout sans allumer de feux, afin de ne point fournir de dangereux points de repère à l'artillerie prussienne.

Le thermomètre marquait toujours quatorze degrés au-dessous de zéro, et la terre était couverte d'une épaisse couche de neige glacée.

Jusqu'à deux ou trois heures du matin, marchant, piétinant sur place ou battant la semelle, ou lutta tant bien que mal contre le froid. Puis vint cette invincible envie de dormir qui triomphe des volontés les plus énergiques et terrasse les plus forts. Alors on se laissait tomber sur la neige jusqu'à ce qu'une intolérable sensation de froid obligeât à se lever de nouveau. C'est ainsi que, tantôt succombant au sommeil, tantôt aiguillonnés par la bise, nous passâmes cette longue nuit. Elle fut rude.

Au jour, les Prussiens ouvrirent de nouveau le feu. Le plateau d'Avron était décidément soumis à un bombardement en règle. Nous étions pris à la fois de front, de flanc et d'écharpe. Nos batteries avaient d'abord essayé de répondre. Mais ni le nombre ni la portée de nos pièces ne permettaient de soutenir la lutte avec les canons Krupp, qui envoient à plus de *sept* kilomètres des obus du poids de *cent vingt* kilogrammes. En quelques heures nos épaulements avaient été bouleversés, notre artillerie réduite au silence.

Il n'y avait plus qu'à se résigner et à supporter stoïquement l'ouragan de fer et de feu qui s'abattait sur le plateau.

Nous utilisions les moindres plis de terrain pour défiler nos hommes, *car depuis un mois qu'Avron était en notre possession, pas un abri n'y avait été élevé.*

M. le général Trochu, allant au-devant des justes reproches qui devaient lui être adressés à ce sujet, prétendit que la nature du terrain s'opposait à la construction de tranchées profondes et de blindages. Cette justification repose d'abord sur un fait inexact, ensuite elle n'est pas sérieuse. En effet, en admettant même qu'on rencontrât partout le roc — ce qui n'était pas — on pouvait employer les sacs à terre.

Or, on n'avait rien fait ni même rien essayé dans ce genre.

Des chevaux d'artillerie étaient au piquet près de nous. Pendant la nuit, l'un d'eux était mort d'épuisement et de froid. Dès que les zouaves s'en aperçurent, ils s'abattirent sur lui comme une nuée de corbeaux. Pendant que, armés de le leurs sabres-baïonnettes, ils étaient en train de s'y découper des filets, un énorme éclat d'obus, après avoir ricoché plusieurs fois, vint frapper un caporal... au-dessous des reins, et l'envoya rouler à dix pas. Ses camarades continuèrent tranquillement leur besogne comme si de rien n'était ; — tant il est vrai que l'on se fait à tout.

Sur les pentes est du plateau, une maison isolée servait de refuge à l'une de nos grand'gardes. Toujours imprudents, les hommes qui l'occupaient se firent voir : il leur en coûta cher.

Une dizaine d'obus vinrent tomber en même temps sur cette maison, et, de ses décombres fumants, on ne retira que des cadavres horriblement mutilés. Cela ressemblait peu, on le voit, aux canonnades anodines dont nous étions si prodigues, dans le genre de celle, par exemple, dont j'ai parlé au commencement de ce récit quand nous étions à Colombes. Mais les Prussiens entendaient la guerre autrement que nous ; depuis longtemps nous aurions dû le savoir et nous décider à prendre modèle sur eux.

Un peu avant la chute du jour, nous vîmes passer le gouverneur. Il venait se rendre compte par lui-même de la situation, s'assurer que le plateau n'était plus tenable, et donner l'ordre de l'évacuer pendant la nuit.

Le général Trochu, accompagné d'un seul aide de camp, nous parut triste et soucieux. Il y avait de quoi. On le salua poliment, mais on s'abstint soigneusement de toute manifestation sympathique.

Sa faiblesse et son insuffisance nous avaient perdus ; nous en étions trop convaincus pour ne pas le lui laisser comprendre par notre attitude.

Après lui parut une légion de moines de toutes couleurs. Il y en avait des blancs, des jaunes et des noirs. Bien que le feu de l'ennemi se fût ralenti, quelques projectiles venaient encore, de temps en temps, labourer la route qui traverse le plateau dans sa longueur. Nos étranges visiteurs nous parurent s'en émouvoir plus qu'il ne convenait à des gens qui ont l'éternité devant eux, pour se dédommager des maux de ce monde.

Mais que venaient-ils faire parmi nous? — Apporter « les secours de la religion » aux mourants?

Non. Du moins, si telle était leur intention primitive, il ne tardèrent pas à y renoncer, trouvant le lieu peu convenable pour l'exercice de leur ministère. Les éclats d'obus les gênaient visiblement.

Leur affectation à nous saluer afin de se faire rendre leur salut, leurs efforts infructueux pour lier conversation avec nous et se former un cercle d'auditeurs, nous donnèrent bientôt à comprendre qu'ils tenaient surtout à se faire voir, à se faire remarquer. Découragés par notre accueil plus que froid, il se retirèrent.

Leur manœuvre, facilement percée à jour, se rattachait à tout un plan fort habilement conçu par le clergé. Et comme déjà la réaction levait la tête et préparait cette campagne qui nous a valu les élections du 8 février, toute la presse royaliste, ayant à sa tête les feuilles à scandale les plus décriées, telles que le *Gaulois* et le *Figaro*, vantait chaque jour le patriotisme, le dévouement, l'abnégation, la charité, etc., etc., des membres des corporations religieuses.

Le fait qui avait servi de prétexte à cette explosion d'enthousiasme était la mort d'*un* frère de la doctrine chrétienne tué devant le Bourget.

Dans l'armée, on honore le courage sous quelque forme qu'il se montre. Mais quand chaque jour des milliers de victimes obscures tombaient sur nos champs de bataille sans que personne songeât à s'en émouvoir, nous trouvions un peu bien extraordinaire que la mort d'*un* frère ignorantin fut célébrée avec tant de pompe.

Ces frères de la doctrine chrétienne sont en majeure partie jeunes et vigoureux. On leur avait confié le soin de porter les brancards et de relever nos blessés, soin fort important sans doute, et dont ils s'acquittaient convenablement, nous y consentons. Mais enfin, ce service était moins pénible, et surtout moins dangereux, que celui auquel officiers et soldats étaient journellement astreints.

Pour UN ignorantin tué, que l'on veuille compter le nombre des victimes dans les rangs de l'armée, de la garde nationale et de la garde mobile ; et alors, à moins d'admettre que la patrie en danger impose à ses enfants des devoirs qui varient selon que l'un porte la soutane et l'autre l'uniforme du soldat, on comprendra et notre étonnement et notre irritation.

Il se trouvera peut-être des gens qui attribueront à la protection de la Providence l'immunité presque absolue (elle n'a comporté qu'*une* exception) qui a couvert, pendant le siége de Paris, les membres des corporations religieuses. Je puis leur en donner une explication plus simple : *jamais* les brancardiers ne venaient relever les blessés qu'après le combat ou fort en arrière de nos lignes, pendant que la bataille était engagée. C'est un hasard, et c'est surtout une *exception* qu'*un* frère, qu'*un* brancardier ait été tué devant le Bourget.

Comme tous les autres, ce service était fort mal organisé ; et, le 30 novembre, notamment, je puis affirmer que les zouaves blessés n'ont été enlevés que fort tard dans la nuit, au grand désespoir de nos médecins qui s'en plaignaient le soir même en termes fort vifs.

Cela dit, pour rendre à chacun son dû, je reviens à la visite du général Trochu. Elle eut pour conséquence un ordre d'évacuation immédiate du plateau d'Avron. Seulement, comme nous avions nos canons à emmener, et que le verglas faisait à chaque instant trébucher les chevaux, ce n'était pas trop de douze heures pour mener à bien cette délicate opération.

Donc, il nous fallait passer une nuit encore sur le plateau, et dans les mêmes conditions que la veille, c'est-à-dire sans abri et sans feu, avec une température toujours glaciale.

En dépit d'immenses difficultés, grâce à la vigueur et à l'adresse habituelle de nos marins, notre artillerie put être entièrement enlevée pendant la nuit. Une seule voiture se renversa au bas d'une côte où les chevaux, entraînés sur la glace, n'avaient pu la retenir. Malheureusement, elle était chargée d'obus percutants ; et l'un de ces obus, éclatant sous le choc de la voiture, nous blessa un officier et quelques hommes. Quant aux Prussiens, ils tiraient peu, et leurs projectiles, lancés au hasard, ne nous firent pas grand mal.

Un peu avant le jour, les zouaves prirent les armes et firent lentement le tour du plateau pendant que les dernières troupes se retiraient.

Enfin ce fut notre tour de partir. Le jour se levait au moment où nous entrions dans le village de Rosny, blotti entre les hauteurs d'Avron et celles que couronnent les forts de l'Est.

Nous étions à bout de forces. En un instant nous eûmes fait du feu avec tout ce qui nous tombait sous la main, et préparé à la hâte une grillade de cheval. Une demi-heure après, on eût pu croire que le village de Rosny était transformé en château de la Belle au bois dormant.

Les Prussiens, qui s'étaient bien vite aperçus de notre départ, allongèrent le tir de leurs pièces. Ce fut pour eux peine perdue. Ni le fracas des obus éclatant dans les rues, ni la chute des pans de murs qui s'écroulaient, ne purent nous tirer du sommeil de plomb par lequel nous rachetions deux nuits d'insomnie. Inconscients du danger, étrangers à tout ce qui se passait autour de nous, nous dormîmes jusqu'au soir.

Mais comme le village devenait tout aussi inabitable que le plateau d'Avron lui-même, on nous envoya l'ordre de nous retirer à Montreuil.

Montreuil.

Au moment où nous prenions nos cantonnements dans Montreuil, le gouverneur annonçait aux Parisiens l'évacuation du plateau d'Avron. Après avoir dit dans sa proclamation que le siége entrait dans une phase nouvelle, il faisait pressentir le prochain bombardement de la ville elle-même.

Bientôt, en effet, l'ennemi démasqua ses batteries de siége à l'ouest et au sud ; les inoffensifs habitants des quartiers de la rive gauche virent jour et nuit s'abattre sur leurs maisons les énormes obus que lançaient les canons Krupp.

Chaque jour on enregistrait un deuil nouveau. Des femmes, des vieillards, des enfants au berceau furent ainsi tués.

Pourtant, la population de Paris n'éleva pas une plainte, et ce fut par des railleries qu'elle protesta contre l'inutile cruauté dont elle était victime.

Pour nous, nous menions à Montreuil l'existence la plus triste et la plus monotone.

On avait relié les forts de Rosny et de Noisy-le-Sec par une tranchée. C'est là que nous allions passer vingt-quatre heures tous les trois jours.

Chaque bataillon de zouaves était doublé d'un bataillon de mobiles. J'eus ainsi l'occasion de constater le mauvais esprit dont étaient animés ces derniers. Il fallait vingt fois répéter un ordre pour se faire obéir d'eux, et leur mollesse, leur inertie, leur état de prostration faisaient notre désespoir.

Les tranchées étaient loin de nous garantir contre les obus prussiens ; plus d'une fois un de ces importuns visiteurs vint tomber au milieu de nous.

L'un d'eux pénétra même dans une casemate de la redoute de Montreuil où il mit littéralement en lambeaux plusieurs officiers réunis autour d'un poële. Cependant, en général, notre ligne étendue mais sans profondeur offrait peu de prise aux coups de l'ennemi qui, du reste, concentrait son feu sur les forts.

Ceux-ci, construits à une époque où l'artillerie était loin d'avoir la puissance et la portée qu'elle a acquises depuis, avaient été promptement réduits au silence. On les avait en partie désarmés, et leur artillerie avait été répartie en une série de batteries isolées.

Nos excellentes petites pièces de 7 firent également « merveille » en cette circonstance. Disséminées dans la tranchée, tirant sans embrasure, à *contre-pente*, pour me servir de l'expression technique, elles se dérobaient aux coups de l'ennemi, tout en lui envoyant à quatre kilomètres des obus qui arrivaient parfaitement à destination.

C'était un argument de plus contre ceux qui s'étaient tout d'abord opposés à leur fabrication et qui, plus tard, refusèrent de les utiliser toutes.

Mais nous n'en étions plus à compter les fautes commises.

Le sort en était jeté : nous étions perdus, nous le savions, et nous n'avions plus qu'à nous résigner.

Nos gardes de tranchées s'écoulaient le plus souvent sans qu'aucun fait saillant vînt en rompre la monotonie. Parfois nos grand'gardes de Rosny échangeaient quelques coups de fusil avec les avant-postes prussiens établis à l'extrémité du plateau d'Avron ; mais, pas plus du côté de l'ennemi que du nôtre, on ne tenta rien de sérieux.

Ce dont nous souffrions surtout, c'était du froid. Couchés sur la neige ou dans une boue glacée, n'ayant pour réparer nos forces qu'une nourriture insuffisante, nous voyions nos effectifs se réduire rapidement sous les influences morbides développées par un tel régime.

Alors on se décida à construire des abris blindés en arrière des tranchées ; ces travauxfurent achevés précisément au moment où ils ne devaient plus être d'aucune utilité.

Un matin, en revenant de la tranchée, je trouvai chez moi une lettre m'invitant à passer sans retard au ministère des travaux publics. Je m'y rendis aussitôt.

— Monsieur, me dit le ministre, M. Dorian, plusieurs de mes collègues ont fait appeler différents officiers afin d'avoir leur opinion sur notre situation militaire. J'ai voulu faire comme eux, et je vous prie de répondre en toute franchise à la question que je vais vous poser. Mais avant, je dois vous dire, de mon côté, où nous en sommes au point de vue des vivres. Le pain que vous mangez, que tout le monde mange à

Paris, est détestable. Or, non-seulement nous allons être obligés de supprimer complétement le peu de farine qui y entrait encore, mais dans quinze jours ou trois semaines au plus, le riz, l'avoine et l'orge nous feront complétement défaut. En un mot, nous n'aurons plus de vivres.

Quant aux munitions, nous commençons également à être à court. Pour la fabrication des projectiles, nous en sommes réduits à employer une fonte de mauvaise qualité qui se travaille difficilement. Nos ouvriers parisiens sont, il est vrai, très-ingénieux, et je puis vous montrer quel parti ils ont su tirer des matériaux qui leur sont fournis. Malheureusement, il en est de cela comme des canons se chargeant par la culasse. Le comité d'artillerie n'aime pas à avoir recours à l'industrie privée, et le gouverneur n'ose pas lui rompre en visière. Bref, la défense de Paris touche à son terme ; avant d'en arriver à une capitulation devenue inévitable, j'ai tenu à savoir si une grande sortie avait encore quelques chances de succès. Quel est votre avis ?

— Monsieur le ministre, répondis-je, puisque vous avez bien voulu m'y autoriser, je parlerai en toute liberté.

Il est bien tard pour entreprendre une sortie en masse. En voici la raison : d'abord, maintenant que les batteries de siége des Prussiens sont armées, l'ennemi pourra foudroyer nos colonnes avant même qu'elles se soient déployées, si nous essayons de déboucher sur un des points actuellement bombardés. Nous n'avons donc plus le choix des fronts d'attaque, ce qui est déjà un inconvénient considérable.

Ensuite, les troupes, surtout les mobiles, sont profondément démoralisées. Nos jeunes soldats, constamment battus, ont perdu toute confiance, et les propos tenus journellement par ceux-là mêmes qui devraient relever leur moral, ont beaucoup contribué à cet état d'affaissement et d'abandon sur lequel il n'est pas permis de se faire illusion.

Cependant, je crois que si l'on veut bien se décider à mettre à l'épreuve la bonne volonté de la garde nationale, on peut attendre d'elle un vigoureux effort. Quant à l'armée régulière, elle marchera. Le sentiment du devoir, le respect de la discipline, quoique gravement altérés, n'y sont pas entièrement perdus.

Dans ces conditions, il me semble qu'il y va de l'honneur de Paris de faire une tentative suprême. Il est de principe à la guerre que l'on ne doit se rendre que lorsque tous les moyens de résistance ont été épuisés.

Seulement, — veuillez excuser mon excès de franchise, — seulement, si ce sont les mêmes généraux que par le passé qui nous conduisent au feu, la bataille ainsi livrée ne sera qu'une inutile boucherie.

Le ministre me remercia et je pris congé de lui.

Quarante-huit heures après nous quittions Montreuil pour nous rendre à Courbevoie.

Bataille du 19 janvier.

Courbevoie! Nous étions donc revenus à notre point de départ. C'est là, en réalité, qu'avaient commencé pour nous les premiers travaux de ce long siége; c'est là que nous allions assister à son triste dénouement.

Le 18 janvier, à onze heures du soir, les officiers étaient appelés chez le colonel, qui devait leur transmettre les instructions pour la bataille du lendemain.

C'est Versailles, cette fois, qui avait été pris pour objectif.

L'armée était divisée en trois corps : celui de gauche, sous les ordres du général Vinoy, devait enlever Saint-Cloud et Montretout; le centre, commandé par le général de Bellemare, marchait sur Garches et Buzenval; l'aile droite enfin, sous la direction du général Ducrot, avait à s'emparer de la Malmaison et du défilé de *Long-Boyau*. La concentration des trois corps devait s'effectuer sur le plateau de la Bergerie d'où ils se porteraient sur Versailles.

On n'emmenait aucun bagage ; et, en raison du terrain très-accidenté et détrempé par la pluie sur lequel on allait opérer, les officiers supérieurs devaient laisser leurs chevaux. Tout le monde, sauf les généraux et leurs aides de camp, serait à pied.

A trois heures du matin, les zouaves, en armes, étaient réunis dans la grande avenue qui va de la caserne au rond-point de Courbevoie.

Des gardes nationaux, des mobiles concentrés sur le même point, se mêlaient, se croisaient, se cherchaient et s'appelaient pour se reconnaître dans l'obscurité. C'était un indescriptible chaos, une épouvantable confusion.

Un tel désordre, une telle négligence de la part de nos chefs nous faisaient mal augurer de l'issue de la bataille. Certes, jusqu'alors, les ordres de mouvement n'avaient brillé ni par leur clarté ni par l'intelligence de leur conception, mais nous n'avions encore rien vu de pareil.

Enfin on se met en marche. Au bout d'une demi-heure, une colonne de gardes nationaux coupe la nôtre ; il faut s'arrêter.

Toutes les troupes affluant à la même heure sur le même point, il se produit, au-dessous du Mont-Valérien, un encombrement qui nécessite une nouvelle halte. Si nous pestions contre les généraux responsables de ce gâchis, on le devine sans peine. Nous mettons trois heures à faire une lieue ; quand nous nous massons derrière la ferme de Fouilleuse, il fait déjà jour, et l'ennemi peut nous voir.

A sept heures, une fusée, partie du Mont-Valérien, donne le signal de l'attaque.

A notre gauche des bataillons de gardes nationales s'avancent avec baucoup d'ordre et d'entrain. Bientôt, déployant une longue ligne de tirailleurs, ils refoulent les avant-postes ennemis et marchent sur la redoute de Montretout qu'ils sont chargés d'enlever.

Nous nous ébranlons à notre tour. Nos bataillons sont formés en échelons. Le premier, celui de droite, longe un des murs du parc de Buzenval où l'on vient de faire brèche avec un pétard, et se dirige sur Garches ; le second se porte en avant vers la crête qui relie Montretout à Buzenval ; le troisième oblique un peu à gauche, de manière à soutenir, s'il en est besoin, la garde nationale dans l'attaque de Montretout.

Les tirailleurs prussiens nous envoient quelques balles ; mais nous sommes hors de vue des batteries de siége de l'ennemi, et il n'a point encore amené son artillerie de campagne. Notre déploiement s'effectue donc dans d'assez heureuses conditions.

A sept cents mètres à droite et au-dessous de la redoute de Montretout, je reçois l'ordre d'arrêter mon bataillon.

Devant nous les gardes nationaux, profitant habilement de tous les accidents de terrain, échangent une vive fusillade avec les défenseurs de la redoute. Pour tirer sur eux, les Prussiens sont obligés de se découvrir ; nous, au contraire, nous leur offrons un but facile malgré la distance, déjà considérable pour les fusils Dreysse. Aussi, en quelques minutes, nous avons dix hommes hors de combat ; il me faut faire coucher tout mon monde.

Nous étions arrêtés depuis un quart d'heure environ, lorsqu'un obus, *passant au-dessus de nos têtes*, va tomber, DEVANT NOUS, au milieu du second bataillon. Un second lui succède et vient éclater à dix pas de notre premier peloton.

Nous n'en pouvons croire nos yeux, et pourtant le doute n'est pas permis. Ces coups sont partis à 1,500 mètres *derrière* nous : voilà bien là-bas, au pied du Mont-Valérien, les deux nuages de fumée qui révèlent la présence des pièces près d'une haie. C'EST NOTRE ARTILLERIE QUI TIRE SUR NOUS !

Et pas un cavalier pour faire cesser cette déplorable erreur ! Tout le monde est debout. On agite des mouchoirs et des képis ; le 2e bataillon élève en l'air un fanion tricolore emprunté à la garde nationale : peines perdues ! Deux nuages blancs, apparaissent de nouveau au pied de la forteresse, et deux obus viennent tomber, en plein, cette fois, dans nos rangs où ils éclatent. Quatre hommes sont tués et six blessés grièvement.

En venant, nous sommes passés près d'une briqueterie. Il y a là une large excavation provenant de l'extraction de la glaise. Il faut nous y mettre à l'abri, en attendant que le sous-officier, que je viens d'envoyer, ait rejoint la section d'artillerie qui nous traite d'une si belle façon. Pendant que nous y courons, un dernier obus nous arrive et fait cinq nouvelles victimes.

Nous étions fous de rage, et franchement il y avait de quoi. J'ajoute que nous n'avions pas un brancard, pour enlever nos blessés, et qu'il fallut les faire porter à dos d'hommes jusqu'à la ferme de Fouilleuse.

L'artillerie, on le sait, est placée pendant le combat sous les ordres directs des généraux. Est-il possible qu'un homme aussi haut placé dans la hiérarchie militaire ait fait mettre en batterie, dans un *bas-fond*, deux pièces de canon, et n'ait pas prévenu l'officier commandant cette section qu'il aurait à plus d'un kilomètre devant lui, *sur les hauteurs*, toute une division d'infanterie française ? Non, répondront certainement les gens les plus étrangers aux choses de la guerre.

Eh bien ! cette énormité, cette monstruosité, cette impossibilité a été commise le 19 janvier 1871 au combat de Montretout ; je l'affirme sur l'honneur, et s'il était besoin de témoins, j'en pourrais produire plus de deux mille.

Si je parle parfois en termes sévères de nos généraux, le lecteur, je pense, en comprendra maintenant la raison.

Sur ces entrefaites, notre général de brigade vint voir ce qui se passait de notre côté. Pâle encore de colère, je lui rends compte de l'épouvantable méprise dont nous venions d'être victimes. Il se serait, je crois, refusé à me croire, si les cadavres des morts n'avaient témoigné pour moi. Puis survint le sous-officier que j'avais envoyé pour faire cesser le feu. Le général, en l'entendant, dut encore mieux se rendre à l'évidence.

Voici ce qu'avait répondu à mon sergent, l'officier d'artillerie qui commandait les deux maudites pièces :

« J'appartiens au corps du général Vinoy. Dès le début de l'action, j'ai reçu l'ordre de m'établir ici. On m'avait bien dit que la garde nationale attaquait Montretout, mais *j'ignorais qu'il y eût des troupes à sa droite.* En voyant les masses en mouvement sur les hauteurs, ne pouvant, dans le brouillard, reconnaître les uniformes, j'ai cru que les Prussiens venaient prendre en flanc la garde nationale, et j'ai tiré dans le tas. »

Il aurait pu ajouter qu'il avait tiré juste.

Voilà pourtant comment nos opérations étaient combinées, et comment les différentes armes se prêtaient, chez nous, un mutuel appui.

N'ayant plus à *craindre* le feu de notre artillerie, nous revînmes à nos positions. Nous y apprîmes une mauvaise nouvelle.

Notre 1er bataillon avait brillamment enlevé le village de Garches sous un violent feu de mousqueterie qui lui avait fait subir des pertes cruelles. Mais l'aile droite, que commandait le général Ducrot, ayant *plus de deux heures de retard*, il avait été impossible de laisser ainsi en pointe un bataillon qui pouvait être débordé d'un moment à l'autre. On avait dû le ramener en arrière et lui faire perdre tout le fruit de ses efforts et de ses sacrifices.

Décidément la journée s'annonçait mal.

Tout à coup des vivats se font entendre sur notre gauche. C'est la garde nationale qui vient de s'emparer de la redoute de Montretout. Une partie de sa garnison s'est enfuie, une centaine de Polonais sont tombés entre nos mains.

C'est un premier et important succès. Notre ligne de bataille a désormais un solide appui.

Tout en me réjouissant de cet heureux événement, je ne pouvais me rappeler sans un serrement de cœur cette fatale journée du 19 septembre, à la suite de laquelle on avait évacué tous nos ouvrages avancés. La prise de Montretout avait exigé bien des sacrifices qu'on se fût épargnés, si l'on avait gardé la redoute au début du siége, et surtout si on y avait alors travaillé avec plus d'activité.

Toutes les fautes se paient à la guerre. Malheureusement ce ne sont point ceux qui en sont véritablement responsables, c'est-à-dire les généraux, mais bien les soldats qui en portent la peine.

Jusqu'à dix heures du matin, l'artillerie ennemie était restée muette ; pas un obus prussien n'était tombé sur nous.

Sont-ce les difficultés d'un terrain profondément détrempé par le dégel et la pluie qui l'avaient arrêtée ? — C'est probable. Ces difficultés, hélas ! devaient immobiliser la nôtre durant toute la journée.

En tous cas, les Prussiens parvinrent à surmonter les obstacles que le général Trochu devait déclarer infranchissables pour nous, car, quelques minutes après l'enlèvement de la redoute, le feu de l'ennemi commença pour ne plus cesser.

Je dois faire maintenant une courte description du champ de bataille étroit sur lequel les zouaves ont combattu jusqu'au soir.

Le plateau que couronne la redoute de Montretout est relié au plateau beaucoup plus élevé de la Bergerie par une crête étranglée qui, sur un front de huit cents mètres environ, présente une largeur moyenne de cent mètres.

Ce long parallélogramme, parfaitement plan, tombe en pente rapide sur les bas fonds de Saint-Cloud et la route de Garches que tenait l'ennemi.

Du côté du Mont-Valérien, il s'abaisse plus doucement jusqu'à la ferme de Fouilleuse. Une petite maison isolée, connue dans le pays sous le nom de *Maison du Curé*, située à six cents mètres environ de la redoute de Montretout, en marque en quelque sorte l'origine.

A droite, et non loin du mur qui clôt la partie sud du parc de Buzenval, cette crête s'épanouit et se relève en pente abrupte jusqu'au plateau de la Bergerie. Notre gauche, reliée à la garde nationale, qui occupait le plateau de Montretout, s'appuyait à la maison du Curé ; notre droite se joignait aux mobiles déployés au pied du plateau de la Bergerie, et attendait que le mouvement du corps Ducrot fût assez prononcé pour se porter en avant.

Une tranchée prussienne, enlevée le matin, couronnait la crête du côté du Mont-Valérien sur une longueur de deux ou trois cents mètres. Le 3e bataillon de zouaves et une partie du 2e étaient massés au-dessous de cette tranchée. A l'autre extrémité du plateau, c'est-à-dire à cent mètres en avant, deux compagnies du 2e bataillon, déployées en tirailleurs, observaient la route de Garches et défendaient les approches de la redoute.

C'est sur cet étroit espace que, deux heures durant, les Prussiens, prenant pour point de repère la maison du Curé, firent pleuvoir un véritable déluge d'obus.

Et nous, pendant ce temps, nous voyions l'interminable file des batteries françaises s'avancer lentement sur la route qui contourne le pied du Mont-Valérien, puis s'arrêter, puis se remettre en marche pour s'arrêter de nouveau — définitivement !

Ainsi, nous étions condamnés à nous battre sans canons contre un ennemi qui avait mis en ligne une artillerie formidable.

Vers midi, l'ennemi, nous croyant suffisamment ébranlés, lança sur nous une partie de la garde royale prussienne, tandis que ses *schrapnells* venaient éclater derrière nous, sur les pentes où il supposait nos réserves massées.

A leur arrivée sur le plateau, les Prussiens furent accueillis par un feu de mousqueterie si nourri, si bien dirigé, qu'ils durent se retirer avant même d'avoir fait plier les tirailleurs des zouaves et de la garde nationale. Ce fut l'affaire d'un instant. Le fracas de la fusillade s'éteignit subitement, et le silence ne fut plus troublé que par quelques rares coups de feu.

Profitant de cette accalmie, le colonel me fit remplacer le 2e bataillon dans ses positions et relever ses tirailleurs.

Par la même occasion, on enleva les blessés et les morts.

Quand nous arrivâmes du côté de la crête qui fait face à Garches, nous vîmes, à nos pieds, l'ennemi qui procédait à la même opération que nous.

Enveloppés dans leurs grands manteaux, les Prussiens se glissaient d'arbre en arbre, et, dès qu'ils se croyaient à l'abri, commençaient à échanger des balles avec les zouaves accroupis dans les brousailles qui couvraient le sol.

Une de ces balles vint atteindre à la tête, sans toutefois le blesser mortellement, le capitaine qui commandait la première compagnie. C'était d'autant plus regrettable, qu'il était le seul officier présent à cette compagnie, tant le feu et la maladie avaient déjà produit de vides dans nos rangs.

A peine notre mouvement était-il terminé que l'artillerie ennemie rouvrit son feu. La nôtre était toujours immobile, à deux kilomètres du champ de bataille.

Sur notre droite, la fusillade crépitait sans interruption. Le corps d'armée du général Ducrot était depuis plus d'une heure aux prises avec l'ennemi ; on connaissait aisément que l'action était vivement engagée aux environs de Buzenval, mais sans qu'il y eût progrès de notre part, car la mousqueterie retentissait toujours au même point.

Le matin, le retard de l'aile droite avait stérilisé notre premier succès à Garches, et nous avait obligés à évacuer ce village ; maintenant, cette même droite, arrêtée devant les murs crénelés du Long-Boyau, nous condamnait à l'immobilité.

Cependant la journée s'avançait, et il devenait urgent de tenter un effort décisif.

L'ordre arriva aux zouaves de se porter sur la droite pour appuyer l'attaque dirigée par le général Ducrot.

Nos deux premiers bataillons, qui se trouvaient en réserve, se mirent immédiatement en marche. Le troisième devait les rejoindre dès qu'il aurait été relevé sur ses positions par les nouveaux bataillons de garde nationale qu'on venait d'appeler en toute hâte.

Au milieu du brouillard mêlé de neige qui enveloppait depuis une demi-heure le champ de bataille, je vis leurs têtes de colonne apparaître à cent mètres au-dessous de nous. Nous nous tînmes prêts en conséquence à rallier le régiment qui était loin déjà.

Mais l'ennemi avait profité du brouillard pour nous dérober ses mouvements et préparer le violent retour offensif grâce auquel il espérait reconquérir toutes les positions perdues par lui le matin.

Ses *hurrahs* se font entendre soudain ; ses tirailleurs, suivis de colonnes profondes, se montrent à la fois devant nous, à notre gauche en face de la redoute, à droite sur les hauteurs de la Bergerie. Les balles pleuvent de tous côtés, tandis que l'artillerie prussienne, tirant avec une précision mathématique par-dessus la tête de son infanterie, nous couvre d'obus et de mitraille.

C'est sérieux, et le moment serait mal choisi pour les zouaves de quitter la place. Je fais prévenir le colonel que j'ai trop à faire où je suis pour songer à le rejoindre ; quant aux zouaves, il n'est pas besoin de les avertir que le départ est contremandé.

L'ennemi qui les presse leur dit assez de quel côté est le danger auquel il faut avant tout faire face.

A notre droite, la mobile a plié sous le choc. Je cours aussitôt au bataillon de garde nationale le plus rapproché de moi, je lui montre l'ouverture qui s'est formée dans notre ligne de bataille, et le conjure de la fermer sans perdre une minute.

Bravement il s'avance, sans se laisser arrêter par la mort de son chef qui tombe frappé d'une balle.

Au même instant, notre ligne de tirailleurs semble fléchir : elle n'a plus de cartouches. Deux compagnies s'élancent au pas de course. Courbées sous la nappe de fer et de plomb qui fauche tout sur le plateau, elles se déploient rapidement et entrent en ligne.

Les zouaves qui viennent d'être relevés traversent à leur tour le plateau et courent se réfugier derrière nos réserves.

Malheureusement les gardes nationaux placés à notre gauche, ne se rendant pas compte du mouvement, croient à une retraite précipitée. Il y a un instant de panique chez eux, et ils se replient un peu en désordre.

Un bataillon de garde nationale qui arrivait en ce moment prend leur place et se porte en avant avec une vigueur à laquelle nous ne pouvons nous empêcher d'applaudir.

Mais l'ennemi redouble d'efforts, le feu devient à chaque instant plus intense ; plusieurs obus tombent coup sur coup dans les rangs de la garde nationale et y laissent un sillon sanglant. Les nouveaux venus cèdent à leur tour du terrain, puis redescendent précipitamment la pente qu'ils venaient de gravir avec tant d'entrain.

La situation est des plus critiques; nous sommes menacés d'être débordés sur notre gauche. Déjà nous sommes pris en flanc ; le capitaine Abd-el-Kader, qui commandait une section de réserve de turcos, est atteint d'une balle entre les deux yeux et tombe foudroyé.

Il faut à tout prix reformer notre ligne de bataille et ramener les gardes nationaux à leur poste de combat.

Une même inspiration nous guide, et, tandis que les zouaves, un genou en terre, prêts à s'élancer à la baïonnette dès que les Prussiens seront à portée, sont laissés sous le commandement d'un officier énergique, nous descendons tous avec nos clairons, et nous nous jetons au-devant des gardes nationaux.

Ce que nous leur disons, il ne m'en souvient guère. Mais Paris est devant nous, presque à nos pieds. Une ceinture de fumée enveloppe les batteries du Point-du-Jour ; du brouillard émergent clochers, tours et coupoles, témoins muets de la lutte suprême où se jouent les destinées de la grande ville.

Pour ces gardes nationaux, enfants de Paris, la

patrie n'est plus une idée abstraite. Elle a pris un corps ; elle vit, elle souffre, elle palpite sous leurs yeux. Là est la cité qui renferme tout ce qui leur est cher ; ici l'invasion rugit à ses portes.

Un de nous prend un tambour par la main et lui fait battre la charge. Nos clairons sonnent. Nous levons nos épées en l'air. Alors retentit une immense clameur. Les cris : Vive la France ! Vive la République ! Sauvons Paris ! se confondent.

Une indicible émotion s'est emparée de nous.

Les gardes nationaux remontent au pas de charge. Devant eux la terre, profondément labourée par les obus, se soulève en un nuage rougeâtre ; un épais rideau de fumée leur cache les combattants. Mais la mort passe dans leurs rangs et leur dit assez où est l'ennemi. C'est là qu'ils vont d'un pas fiévreux, insouciants du danger, enivrés par l'odeur de la poudre, poussés par cette force surhumaine qui naît des nobles passions et des généreux enthousiasmes.

Devant ce flot humain que rien n'arrête, les Prussiens ont reculé : il était temps !

A son tour, le bataillon de garde nationale placé à notre droite commence à perdre du terrain.

Fort heureusement, le général de brigade, très-inquiet sur notre compte, arrive avec un bataillon qu'il a rencontré et qu'il amène à tout hasard.

— Avez-vous maintenant, me dit-il, assez de monde pour tenir ferme ici ?

— Je le crois, mais ce sont les cartouches qui me manquent. Cinq de mes compagnies les ont déjà entièrement épuisées.

— Des cartouches ! il n'y en a pas ; je viens d'en être informé.

Pas de cartouches ! A trois kilomètres du Mont-Valérien ! Voilà qui en dit plus que les plus éloquents commentaires.

Sur notre front, les Prussiens, contenus par les zouaves, n'ont jamais pu dépasser la crête du plateau ; à gauche ils ont plié devant la charge brillante des gardes nationaux ; à droite ils reculent lentement sous le feu du nouveau bataillon qui vient d'être engagé.

Tous, enfin, vont chercher un refuge sur les pentes de Garches et de Saint-Cloud.

De là, ils nous inquiètent encore par un feu très-vif de tirailleurs, tandis que leur artillerie ne cesse de nous couvrir d'obus. Mais la position nous reste et nous restera définitivement ; l'ennemi a renoncé à nous la disputer.

De Montretout à Buzenval, notre ligne de bataille, tant de fois entamée ou fléchissante pendant ce combat de deux heures, est reformée et renforcée. Nous pouvons respirer.

Cette fois encore il était temps. Nos zouaves commençaient à sentir les forces leur manquer après tant et de si furieux assauts ; beaucoup n'avaient plus de cartouches ; sur onze officiers présents encore au troisième bataillon, cinq étaient hors de combat. S'il nous eût fallu recommencer la lutte contre des troupes fraîches, je ne sais trop si nous en aurions été capables.

Mais la nuit venait, et il était peu probable que les Prussiens eussent, à portée, de nouvelles réserves à lancer sur nous.

Pour plus de prudence, cependant, je me disposais à relever une partie de mes tirailleurs par une des deux seules compagnies qui eussent encore leurs cartouches à peu près au complet.

De la main droite, je donnais je ne sais quelle instruction à un zouave, lorsque cette main est brusquement rabattue par un choc violent qui m'arrache un cri de douleur.

Je venais de recevoir un éclat d'obus.

Quelques minutes après, le canon de l'ennemi cessait de se faire entendre. Je ne pouvais donc me plaindre, car, outre que ma blessure me paraissait sans gravité, j'avais la consolation d'être mis hors de combat à l'heure seulement où tout était fini.

Après avoir donné mes instructions au capitaine qui devait prendre le commandement du bataillon, je descendis vers la ferme de Fouilleuse, où étaient installées les ambulances de notre corps d'armée.

Là, j'assistai au plus navrant des spectacles.

Sur toutes les pentes qui montent à Buzenval, des mobiles débandés déchargeaient leurs armes en l'air, et, fuyant le champ de bataille, poussaient sans interruption ce cri honteux : La paix ! la paix !

Ah ! cette fois, c'en était bien fait de nous : il n'y avait plus de place dans nos cœurs pour l'espérance.

Etait-ce le résultat de la fatigue, de la douleur, ou de cette prostration qui succède d'habitude à une surexcitation nerveuse excessive? — Je ne sais; mais, à cette vue, je me sentis un instant défaillir, et les larmes me vinrent aux yeux.

Je dominai promptement mon émotion et remontai vers le Mont-Valérien. A l'une des portes de la forteresse, je trouvai un omnibus des ambulances de la Presse qui me conduisit au palais de l'Industrie. Là une foule anxieuse, composée en grande partie de gardes nationaux sédentaires, attendait des nouvelles de la bataille.

Hélas ! que pouvait-on leur dire, sinon que nous avions été arrêtés dès les premiers pas, et que les avantages insignifiants remportés à gauche et au centre, étaient loin de compenser la défection d'une partie de la droite.

Grâce à l'obligeance d'un garde national, une voiture me fut amenée. Je me fis conduire aussitôt à une petite ambulance, dirigée par un médecin de mes amis, où, je le savais, un lit m'était réservé.

Une heure après, je trouvais dans un sommeil réparateur le meilleur de tous les remèdes ; j'oubliais ce que j'avais vu dans cette fatale journée du 19 janvier ; je ne songeais plus au lendemain.

La capitulation.

Dans la nuit du 19 au 20 janvier, toutes nos positions, y compris la redoute de Montretout, furent évacuées ; l'armée rentra dans ses cantonnements.

Pour la dernière fois, on se « *repliait en bon ordre.* »

Le 20, le général Trochu écrivait du Mont-Valérien au général Schmitz, son chef d'état-major, une lettre, rendue publique, qui se terminait ainsi :

« Il faut parlementer d'urgence à Sèvres, pour un « armistice de DEUX JOURS, qui permettra l'enterre- « ment des morts et l'enlèvement des blessés. En- « voyez-moi *nombre* de voitures, ramassez *tous* les « brancardiers que vous pourrez réunir. »

Nos pertes, quoique sensibles, ne justifiaient en aucune façon cette dépêche alarmante ; on n'avait rien dit de pareil après les batailles du 30 novembre et du 2 décembre, bien autrement meurtrières que les combats de Buzenval et de Montretout.

Mais le 19 janvier la garde nationale avait été sérieusement engagée. Demander bruyamment *deux jours* d'armistice pour relever les blessés et les morts, donner à entendre que ce n'était point assez des ressources ordinaires en brancards et en voitures d'ambulance, c'était jeter le deuil et la consternation dans l'âme de tous les Parisiens, qui pouvaient craindre de compter un parent ou un ami au nombre des victimes.

On voulait donc terroriser Paris pour lui faire plus facilement accepter l'idée d'une capitulation prochaine !

A la lecture de cette incroyable lettre, il n'y eut qu'un cri parmi nous : C'est une infamie !

« Le gouverneur de Paris ne capitulera pas », avait dit le général Trochu, dans une proclamation demeurée célèbre. Il tint parole. Il se démit de son titre en *faveur* (!) du général Vinoy, au moment même où des négociations étaient entamées avec la Prusse.

La ration de pain — on sait de quel pain — était toujours de 300 grammes, mais la ration de cheval avait été réduite à 30 grammes. Quant au bombardement, il était devenu plus furieux que jamais, surtout du côté de Saint-Denis.

Paris était à l'agonie. On ne comptait plus les jours, mais les heures qui nous séparaient de la chute.

Dans la population, les uns cédaient à l'abattement le plus profond, les autres à une colère à laquelle nos généraux n'avaient fourni que trop d'aliments.

Cette colère se traduisit, le 22 janvier, par une nouvelle tentative insurrectionnelle sur l'hôtel de ville ; tentative insensée, sans but sérieux, sans raison, n'ayant d'autre excuse que l'irritation poussée jusqu'au délire chez des hommes qu'on avait pendant quatre longs mois condamnés à d'inutiles souffrances.

Elle fut d'ailleurs promptement réprimée et passa presque inaperçue au milieu des graves préoccupations qui absorbent les esprits.

Les mauvaises nouvelles, en effet, se succédaient avec une monotonie désespérante, et l'*Officiel* les enregistrait sans un mot de commentaire, comme autant d'arguments propres à nous convaincre de notre irrémédiable défaite.

Un jour, nous apprenions un nouvel échec subi par l'armée de la Loire ; le lendemain, c'était Faidherbe qui était obligé de battre en retraite ; puis enfin on nous laissait entendre que Bourbaki se trouvait dans une situation désespérée.

Aussi, quand, le 27 janvier, le *Journal officiel* annonça l'armistice et la *convention* (!!) qui livrait tous les forts à l'ennemi, l'horrible nouvelle, depuis longtemps attendue, fut accueillie par une morne stupeur.

Pour moi, je n'eus plus qu'une idée fixe : quitter Paris.

Si la guerre continuait, je me souciais peu d'être prisonnier de guerre ; si l'armistice, comme il était trop facile de le prévoir, aboutissait à la paix, mon rôle de soldat était fini.

Sous prétexte de candidature ou de ravitaillement, il était assez facile de se procurer un passeport. Un ami dévoué m'en apporta un.

Le 2 février, nous montions ensemble en voiture, nous dirigeant sur Juvisy, première station de la ligne d'Orléans où il fut possible de trouver un train. Quoique nos pièces fussent parfaitement en règle, c'est à trois heures de l'après-midi seulement — nous étions partis à 8 heures du matin ! — que nous franchissions la porte de Charenton et faisions viser nos passeports à l'état-major bavarois.

A cinq heures nous arrivions au pont de Choisy-le-Roi. Là, nouvelle difficulté. Il est interdit de passer sur le pont de bateaux, et la sentinelle prussienne se montre inflexible. Je rassemble toutes les bribes d'allemand que je possédais encore, et j'obtiens enfin de passer seul, et à pied, pour aller m'entendre avec les officiers que j'aperçois sur la rive gauche de la Seine.

L'un d'eux parlait parfaitement français. Avec cette courtoisie affectée et cette politesse hautaine qui caractérisent l'officier allemand, il s'empresse de faire droit à ma requête. Pendant qu'un planton va chercher notre voiture, mon interlocuteur, un colonel de gendarmerie, je crois, remarque mon bras que je portais encore en écharpe. J'étais en bourgeois.

— A quelle bataille avez-vous été blessé, monsieur? me demanda-t-il.

L'occasion est trop belle pour la laisser échapper :

— On peut être blessé sans avoir pris part à aucun combat, puisque vos obus venaient tuer dans Paris des enfants au berceau, des femmes et des vieillards.

Le colonel ne répliqua rien, mais je pense qu'il traduisit ma réponse aux officiers qui se trouvaient près de lui, car je leur vis grimacer un mauvais sourire.

Notre voiture arrivait. Nous échangeâmes un salut avec les officiers prussiens et nous nous mîmes en route.

A dix heures du soir, nous nous arrêtions à Juvisy, devant une mauvaise auberge découverte non sans peine.

Vivres et lits, tout était accaparé par les Prussiens. Enfin nous obtînmes quelques matelas ; notre coucher était donc assuré. L'aubergiste, qui prétendait ne rien avoir à nous donner pour souper, nous offrit cependant du pain et du fromage.

Du fromage ! du pain ! du pain *blanc !!* et à discrétion !!!

Mais il y avait là tous les éléments d'une véritable orgie pour des gens habitués au *pain de siége*. Nous ne pouvions nous rassasier, et notre hôte stupéfait restait planté devant nous, tandis que nous dévorions son pain... blanc !

Tout ce qu'il y en avait dans l'auberge, nous l'achetâmes pour l'envoyer à nos amis par notre cocher qui retournait à Paris le lendemain. Le ravitaillement, en effet, ne pouvait s'opérer en un jour, et la conclusion de l'armistice ne devait pas apporter un soulagement immédiat aux souffrances de ces pauvres Parisiens.

Nous passâmes la nuit sous la protection des sentinelles prussiennes, et le lendemain matin, nous prenions le premier train se dirigeant sur Orléans.

Je passe rapidement sur les incidents assez insignifiants de ce triste voyage. D'Orléans, un train destiné à ramener des bestiaux à Paris, nous conduisit jusqu'à Vierzon.

Là, enfin, nous retrouvâmes des uniformes français ; l'invasion n'était pas allée plus loin.

On sait le reste ; on sait comment et à quelles conditions la paix fut signée. J'en suis donc arrivé au terme de mon récit.

Maintenant, est-il besoin d'une conclusion ? Je ne le crois pas, et je préfère laisser au lecteur le soin d'en tirer une des événements auxquels je l'ai fait assister.

Il est un seul point sur lequel je veux revenir, c'est sur le rôle de la garde nationale pendant le siége. Pendant quelques heures, — et de ces heures que l'on n'oublie jamais, — je me suis, pour ainsi dire, trouvé confondu dans ses rangs ; je l'ai vue à l'œuvre dans une circonstance des plus critiques.

Eh bien ! je le déclare hautement, jamais soldats allant au feu pour la première fois n'ont montré ni la solidité ni l'entrain dont les gardes nationaux ont fait preuve au combat de Montretout. Je suis d'autant mieux fondé à parler ainsi, que la bataille de Châtillon m'offre un terme de comparaison qui donne à mon affirmation la valeur d'un témoignage irrécusable.

Les zouaves, à Paris, ont assez noblement racheté leur défaillance du premier jour, pour qu'il soit permis de rappeler la honteuse débandade du 19 septembre.

Que l'on veuille bien se souvenir maintenant que la garde nationale s'est emparée seule de la redoute de Montretout ; que, pliant un instant sous une véritable tempête d'obus, de balles et de mitraille, elle s'est ralliée sous le feu et a repris, par un admirable élan, les positions qu'elle venait d'abandonner ; — alors on jugera quels services elle eût rendus, si on avait su, si on avait *voulu* l'employer en temps utile.

Des fautes innombrables qui ont amené la capitulation de Paris, la plus considérable et la moins pardonnable, à coup sûr, est celle qui a condamné à l'immobilité *quatre-vingt mille hommes*, AU MOINS, dont le patriotisme ardent et sincère compensait largement l'inexpérience et le défaut d'éducation militaire.

Certes, en cela, une grande part de responsabilité revient au gouverneur qui absorbait en lui tous les pouvoirs. M. le général Trochu, qui avait foi en sainte Geneviève, n'avait pas foi dans les Parisiens — lui-même l'a déclaré.

Malheureusement, comme on a pu s'en apercevoir, sainte Geneviève ne lui a été d'aucun secours, tandis que les Parisiens — et ils l'ont bien prouvé — seraient devenus pour l'armée de précieux auxiliaires si l'on se fut décidé, dès les premiers jours, à accepter leur concours.

On l'a dit avec raison : orgueilleux mystique et rhéteur impuissant, tel s'est montré, pendant le siége, l'homme sur qui pesait le lourd et glorieux fardeau de la défense nationale.

Mais près de lui, et grâce à sa faiblesse, s'était dressée une autorité, qui primait la sienne. Cette personnalité hautaine et dominatrice était celle de M. le général Ducrot.

Comment il conduisit les opérations qui lui étaient directement confiées, — on le sait. Là, malheureusement, ne s'est point bornée sa néfaste influence. Le fâcheux contre-coup de son intervention dans les conseils du gouvernement s'est fait sentir par le rejet de toutes les mesures d'où dépendait notre salut. C'est à lui, à lui surtout, à son opposition constante, systématique, qu'est dû ce parti pris insensé de ne jamais faire appel à la bonne volonté, au dévouement de la garde nationale.

Peut-être, si l'on cherchait bien, trouverait-on dans l'attitude prise par M. Ducrot, depuis qu'il aspire à jouer un rôle politique, l'explication de son étrange conduite.

En tous cas, ce qui résume d'un mot son rôle et son action, ce que l'on peut affirmer sans craindre d'être démenti, c'est qu'il a été le mauvais génie de la défense de Paris.

FIN

BIBLIOGRAPHIE RÉPUBLICAINE

Tous ceux qui s'intéressent à la propagande républicaine peuvent s'adresser à la même Librairie qui se charge, contre un envoi de 10 fr. ou plus, de faire parvenir aux conditions les plus avantageuses une excellente collection de livres populaires, propres à donner à nos concitoyens les connaissances dont tous les Français ont un besoin absolu, pour se rendre compte de la situation générale du pays.

Avis aux Cercles littéraires et aux Amis de la vérité. Forte remise aux hommes de bonne volonté.

O France ! si tu savais que pour affirmer ta virilité républicaine, dont rien dans le passé du monde entier ne peut donner l'image, il ne faut que te pénétrer de l'esprit du livre remarquable et si réellement vrai :

L'Instruction républicaine,

par Amédée GUILLEMIN, tu emploierais toute ton énergie rénovatrice à le répandre à profusion dans tous les cercles de famille.

Voici sur quels grands principes est basé cet ouvrage :

La Science, tel est maintenant le suprême effort commandé au peuple, à peine d'une éternelle servitude. Qui n'a pas l'intelligence, ne peut servir que d'instrument ; qui n'a pas la conscience du droit, n'a pas droit.

(P. d. Proudhon. Théorie de l'impôt.)

Approfondissez !

Le Progrès intellectuel dans l'Humanité,

par Eugène VÉRON, rédacteur en chef du *Progrès de Lyon*.

En préparation, par le même,

Le Messie-Soleil.

Le Culte de la lumière chez les Hébreux, démontré par la traduction littérale des Psaumes et par les affirmations de la *Bible elle-même.*

La Question sociale

traitée dans le *Progrès de Lyon* et qui sera publiée prochainement dans une édition populaire.

Avis à nos confrères les Libraires-éditeurs et MM. les Imprimeurs.

Campagnes des armées de l'empire en 1870,
par Eugène Ténot, auteur de l'*Histoire du Coup d'Etat du Deux-Décembre*, rédacteur en chef de la *Gironde*.

En préparation, par le même,

Campagnes des armées de la République en 1870-71.

Vient de paraître :

L'Armée des Vosges et Garibaldi,
par Aug. Marais, ancien sous-préfet d'Autun, secrétaire général de la Société d'Instruction républicaine.

A propager dans les campagnes :

La République et la Vigne,
par un Bourguignon.

Les Paysans en 1789,
par Bonnemère

Propagez d'urgence :

Les Idées de Jean-François,
par l'Apôtre de l'Enseignement républicain, Jean Macé.

LIVRAISONS PARUES

I. *Séparation de l'Eglise et de l'Ecole.*
II. *La Demi-Instruction.*
III. *La Soutane de l'abbé Junqua.*

LIVRAISONS SOUS PRESSE

IV. *Les Députés dans l'embarras.*
V. *La Vérité du Suffrage universel.*
VI. *Le Ménage de la Société.*

Paraîtra incessamment :

Mirabeau, Guide du Républicain,
par le colonel Ferrer, auteur de l'*Historique de la deuxième Légion du Rhône.*

www.ingramcontent.com/pod-product-compliance
Ingram Content Group UK Ltd.
Pitfield, Milton Keynes, MK11 3LW, UK
UKHW012042240726
13965UKWH00003B/981